2020年教育部人文社科一般项目《基于三语构建的蒙古族大学生教学实证研究与系统设计》（项目编号 20XJA740007）

U0692905

少数民族大学生英语学习问题与教学对策研究

——以蒙古族为例

张晓华 著

中国纺织出版社有限公司

图书在版编目（CIP）数据

少数民族大学生英语学习问题与教学对策研究：以蒙古族为例 / 张晓华著 .-- 北京 : 中国纺织出版社有限公司 , 2025.2.-- ISBN978-7-5229-2490-8

L.H319.3

中国国家版本馆 CIP 数据核字第 2025ZH7973 号

责任编辑：郭 婷　　责任校对：王花妮　　责任印制：储志伟

中国纺织出版社有限公司出版发行
地址：北京市朝阳区百子湾东里 A407 号楼　邮政编码：100124
销售电话：010—67004422　传真：010—87155801
http://www.c-textilep.com
中国纺织出版社天猫旗舰店
官方微博 http://weibo.com/2119887771
河北延风印务有限公司印刷　各地新华书店经销
2025 年 2 月第 1 版第 1 次印刷
开本：710×1000　1 / 16　印张：9.5
字数：200 千字　定价：88.00 元

前　言

步入21世纪之后，科技竞争与国际竞争变得日趋激烈，国家间的竞争本质上是高科技人才的竞争。在这一背景下，各国都将教育视为社会发展的根基。英语教育是高等教育体系的重要组成部分，在心理语言学和教育心理学的发展之下，如何全面发挥出英语教育的功能已成为社会关注的热点。

少数民族大学生的英语教学问题是我国整个高等教育体系的特殊组成部分，抓好对少数民族大学生的英语教学，对于培育优质的少数民族人才具有不可替代的重要作用。

根据笔者长期的教学实践观察来看，少数民族大学生在进入大学之后，其英语学习成绩普遍不太理想，影响了少数民族大学生的后续就业、晋升职称、职业发展以及学历提升等。因此，本书从相关理论的阐述和梳理出发，介绍少数民族大学生英语学习的一般规律，立足于蒙古族大学生的实际特点，从教学组织、语言教学、教师水平、教学评价等方面来探索蒙古族大学生英语学习中存在的问题，包括学习观念滞后、学习策略应用不当、语言的负迁移、学习心理不佳等，分析蒙古族大学生英语学习问题的成因，如教材因素、师资力量、家庭环境等，并提出促进教师专业化发展、创新大学英语教学模式、激活学习内生动力以及改善教育环境的相关策略。

鉴于编写时间紧迫及本人水平有限，书稿难免存在不妥之处，恳请广大读者提出宝贵意见。

张晓华

2024年9月

目 录

CONTENTS

第一章　绪论

从全球范围看，无论是硬实力的比拼，还是软实力的较量、国际话语权的争夺，从根本上说都是人才的竞争，高等教育越来越成为国家核心竞争力的标志性力量。应对综合国力竞争新趋势，高校在把握方向、立德树人方面的使命更加艰巨。大学生思想意识和价值取向的独立性、选择性、多样性、差异性特征也日益明显。能否引导大学生把个人梦想和"中国梦"紧密结合在一起，是高校面临的重大课题。加强和改进高校党建工作，必须紧紧聚焦"为谁培养人，培养什么人，如何培养人"这一重大问题，坚持立德树人，把培育践行社会主义核心价值观融入教育教学全过程，引导和教育广大青年学生坚定理想信念，真正成为德智体美全面发展的社会主义建设者和接班人。青年学生要在勤学、修德、明辨、笃实上下功夫，广大教师要自觉做有理想信念、有道德情操、有扎实学识、有仁爱之心的好教师。高校要着力构建核心价值观教育长效机制，积极推进融入课堂主渠道、融入社会实践、融入文化育人、融入师生日常行为，让核心价值观内化为广大师生的价值追求，外化为自觉行为。这充分说明了党和国家对于高等教育事业的高度关注。

一、问题的提出背景与研究意义

（一）研究背景

步入21世纪之后，科技竞争与国际竞争变得日趋激烈，国家间的竞争本质上是高科技人才的竞争。在这一背景下，各国都将教育视为社会发展的基石。早在多年前，我国就将教育事业发展大计纳入社会发展的议程之中，并在《国家中长期教育改革和发展规划纲要（2010—2020）》中明确提出："教育大计，教师为本。"

英语教育是高等教育体系的重要组成部分。关于高校英语教育的研究，学界从多层次、多方面、多元化视角进行了分析，理想的英语教学既需要提高学生的英语应用能力，又要提高其综合素质，这就要求发挥出教师、教法和教材的综合作用。英语教育具有明显的边缘性特点，它不仅表现出跨学科特征，还吸收了其他学科的理论，如心理语言学、社会语言学、教育学、社会学、人类学等。英语教育不仅受到语言的影响，还会受制于其他学科的影响。长期以来，高校英语教育活动更多是着眼于教法本身，一定程度上忽视了技能和知识。如今，在心理语言学和教育心理学的发展之下，如何全面发挥英语教育的功能已成为社会关注的热点。

中华民族由56个民族组成，中华民族文化既多样化又统一，构成了多元一体的中华文化共同体。2021年在北京召开的中央民族工作会议上，习近平总书记强调要准确把握和全面贯彻我们党关于加强和改进民族工作的重要思想，以铸牢中华民族共同体意识为主线，坚定不移走中国特色解决民族问题的正确道路，构筑中华民族共有精神家园。学界研究的热点集中在铸牢中华民族共同体意识，这已成为指导我国高等教育教学的重要方针。少数民族大学生是我国整个高等教育体系中特殊的组成部分。提升少数民族大学生的英语教学水平，有利于培育优质的少数民族人才，具有重要的价值和不可替代的意义。

目前，针对少数民族大学生开展的英语教育不仅是为了使其掌握英语能力，更重要的是培育其语言应用的能力，使学生可以更好地进行跨文化交际。尤其是在少数民族地区，英语无疑能够提供一种新的交流平台，这对于促进整个少数民族国民素质的提高都有着重要作用。然而不可忽视的是，比之发达地区，民族地区经济发展相对落后，开放程度也落后于经济发达地区，要走向世界，民族地区不仅需要学习先进技术，还需要立足本土文化，积极发展本民族的优秀文化传统，在这个过程中，英语是必不可少的重要媒介。所以，当前需要聚焦提升少数民族大学生的英语教育工作这一现实，有利于提高少数民族人才的综合素质，并对促进民族地区的整体发展都有着极为现实的意义。

根据长期的教学实践观察来看，少数民族大学生在进入大学之后，其英语学习成绩普遍不太理想，具体表现为听、说、读、写能力相对滞后，并且英语成绩普遍落后于汉族本科生的成绩❶。英语成绩的不理想，会影响少数民族大学生的后续就业、职业发展和学历提升等。比如，蒙古族大学生多数从少数民族聚居地区升学，他们拥有自己独特的民族语言、风俗文化和宗教信仰。进入大学之后，他们的文化环境发生了变化。这种变化会对学生的学习观念、学习心理、学习策略以及学习动机等产生深刻的影响，使得他们在英语水平测试、校内考试等方面出现很多问题。

蒙古族大学生在学习英语时，既要学习西方文化，也要学习主流汉语文化，比之汉

---

❶ 陈桂枝：《语言迁移视角下的蒙古族英语专业词汇教学》，《赤峰学院学报》（汉文哲学社会科学版）2011年第11期。

族大学生，他们更容易出现"文化差异"问题，即各类文化在碰撞时形成的障碍和冲突。另外，由于特殊的生态和地理环境，蒙古族有着独特的风俗习惯和生活方式，也形成了他们独具特色的民族意识和民族认知方式。在英语课堂中，大多数蒙古族大学生面对英语存在着焦虑心理，他们很少出声阅读，往往逃避回答问题，很少主动发言。由于学习环境的变化和自卑心理，他们容易出现学习积极性缺乏、学习目标不明确、成绩提高缓慢等一系列的问题。因此，本书立足于蒙古族大学生的实际特点，从教学组织、语言教学、教师水平、教学评价等方面来探索蒙古族大学生英语学习中存在的问题，并提出相应的解决策略。

（二）研究意义

综合来看，本课题的研究具有以下意义：

第一，研究少数民族大学生英语学习问题，能够为少数民族大学生的英语教育提供理论支持。蒙古族由于其历史原因和所处地理位置等因素的影响，其教育水平、经济发展水平和科学技术发展水平落后于经济发达地区，其现代文化水平也低于经济发达地区，这在一定程度上影响了蒙古族社会的发展。长期以来，蒙古族的英语教育发展水平相对落后，培育出的外语人才无法满足社会需求，学生的英语学习水平以及英语教学质量等与汉族比还存在较大的差距，并且蒙古族本地对于英语教学的师资设备投入上比较少，不能满足蒙古族大学生的英语学习需求[1]。

导致上述因素形成的原因有地域因素、历史因素，还有民族传统认知和宗教信仰因素等。蒙古族地区的一些牧区和边远农村，因为经济收入偏低，导致初中、高中的辍学率较高，并且英语教学设备滞后，教师的综合素质参差不齐，英语教育资源也比较匮乏。要想从根本上解决蒙古族大学生的英语教学问题，各个高校需要肩负着重要作用。本书通过理论和实践来探索问题的产生根源，并从科学角度试提出解决少数民族大学生英语学习和教学工作的具体方案，这对于促进整个蒙古族的经济发展有着积极作用。

第二，研究少数民族大学生的英语教学，具有一定的创新性和现实性。就当前来看，聚焦于少数民族大学生英语学习与教学的研究课题数量不多，有关蒙古族大学生英语学习问题的系统化调查、理论研究和实践研究还尚未充分开展，因此，本书的研究也创新了学界的研究先例。本书从蒙古族大学生的实际情况出发，结合社会语言学、英语语言学、人类学、社会学、民族教育学等相关学科的理论，针对蒙古族大学生的英语学习问题进行深度探索，并且这一研究也填补了关于少数民族大学生英语研

---

❶ 贾继南，苏娅：《民族院校蒙古族大学生英语学习与文化认同——以内蒙古民族大学蒙古族英语专业学生为个案》，《民族高等教育研究》2014年第2期。

究中的调查空白，具有一定的创新性。另外，研究蒙古族大学生英语学习问题和相关的教学策略，能够丰富这一问题在教育学、语言学、社会学方面的理论支持。如今，英语教育已经成为高等教育中不可或缺的重要部分，抓好少数民族大学生的英语教育十分关键，因此，用这一范例来开展研究，也能够为其他少数民族大学生英语教学的创新提供借鉴作用。

二、学术研究综述

（一）国外研究综述

学习外语不仅要掌握相关的语言知识，还要了解语言应用地区语言文化以及应用人群的相关内容，因此，在学习外语时需要从方法来着手，结合外语学习的一般应用方法、参照外语学习者的地域特色、文化特征以及目的语和母语的异同之处进行研究。杰斯（Jessner）认为，在开展多语学习时，需要提高学生的学习动机，针对不同国家、民族的风土人情进行对比，通过该种途径，使学生的语言学习便利很多，学习质量也会更高；伯奇（Patrick Burch）认为，语言学习和许多领域紧密相关，与母语相比，其文字不同、基本概念和涉及理念存在着较大差异。在外语学习过程中，教师需要对学生进行引导，变不确定性因素为确定因素，可以极大提高学生的学习效率。因此，在学习多语言时，必须要站在一个全面的角度来分析问题。维多默克（Vildomec）认为，在学习外语时，需要从教师心理、学生心理这两个方向来重点开展。在不同阶段，学生的外语学习也具有差别。在初级学习阶段，外语会与母语相互干扰，因此，教师需要根据学生语言学习的阶段化特点来予以指导。狄尔蒂娜（Deardina）认为，不管是学习一种语言还是多种语言，不管是学习什么类型的语言，都需要把握正确顺序，让学生了解语言学习的重要性和顺序性。通过这种方式可以使学生从简单的学习目标开始，逐步实现复杂的学习目标，同时通过语言学习逐步掌握适合自己的方法，同时具备良好的学习态度和学习习惯。狄尔蒂娜（Deardina）提出，英语学习困难的原因有多方面的，主要包括外部原因和内部原因。外部原因有来自学校、家庭、社会方面的因素，在英语教学中，教师需要采用科学的方法来帮助学生排除困难。

（二）国内研究现状

国内学者也针对少数民族学生的英语教学活动进行了研究，他们普遍认为，要提高少数民族学生的英语学习质量，需要为学生提供优质的教学服务和保障，科学设计教学方案，彰显教学重点，为学生创设良好的英语学习环境，提供学习方法指导。王艳萍认为，针对少数民族学生的英语教学需要着重培育学生的语言应用能力，让学生对多种语言有系统化认识，让学生知晓如何学习不同的语言，感受世界文化的多元性，这对学生将来的发展将会起到积极促进作用；谭姗燕提出，少数民族学生学习英语的难点主要在于语法、词汇和写作上，在教学时需要掌握方法，提高学生的学习动机，帮助其丰富英语词汇量，提高语法应用能力。同时，在学习过程中，学生能够逐步意识到英语学习和汉语学习具有相同的基本性质，都是构建在语言的表达和应用能力上的。朱晓辉认为，少数民族学生对于英语的把握普遍比较薄弱。为了提高学生的英语应用能力，那么就需要采用双语教学方法，将英语和汉语结合起来，通过双语教学帮助学生解决英语学习中出现的各种问题，这对于学生自身的知识、意义建构也具有一定的促进作用；刘承宇认为，少数民族学生的英语学习需要从心理教育、文化教育方向来入手设计教学计划，通过不断地实践来进行优化和完善，让学生能够持续进步，感受语言文化、理解英语知识。另外，教师还要重视学生的心理建设，学习英语的目的并不仅仅是提高学生的成绩，还是为学生后续的发展和进步奠定基础。如果学生在毕业后要与国际接轨，那么学好英语就是一个"敲门砖"；谢翠萍提出，根据英语学习的特点，英语学习困难分为个体英语学习困难和群体英语学习困难两种。个别学生英语学习时出现的学习困难被称为个体英语学习困难，指的是智力正常的学生不能达到国家教育大纲规定的英语学习成绩标准。在少数民族学生群体中，群体英语学习困难比较常见，很多少数民族大学生无法达到国家教育大纲的规定标准。

三、研究的理论基础

（一）文化语言学理论

语言属于一种文化现象，索绪尔指出，作为一种符号系统，语言由内容和形式结合形成。文字语言的基础是有声语言，是音、形、义的统一体。语言这一系统由语音系统、语用系统、词汇系统、句法系统以及语义系统构成。语言作为一种工具，是人们的思维工具、交际工具、情感表达工具以及信息传递工具，在人们的表达、交流和思维中，语言都起着不可或缺的重要作用。语言还能够记录民族的发展历程，可以融入民族文化精神，是反映民族文化的重要窗口。

文化又属于一种社会现象。总体来看，广义上的文化指的是涵盖语言在内的各种各样的文化；狭义上的文化则指除了语言外的各种非语言文化。广义上的文化是指人类在社会实践进程中创造的各类物质财富和精神财富，狭义上的文化则主要强调精神文化，比如教育、文学、科学、艺术等❶。文化属于一种综合体，是由社会成员通过代代相传分享而来，是社会历史的积淀。文化有着独特性、民族性的特点，每个民族由于生态环境、

---

❶ 徐晓飞，房国铮：《文化语言学与外语教学》，《教育探索》2011年第8期。

地域因素的差异，形成的文化也各有特点。以中西方文化为例，在中国文化中，人们在受到赞扬时，通常会以谦虚的态度来回应。而在西方国家，在受到赞扬时，被赞扬者往往会欣然接受。当前，各个学科都从本身出发，针对文化概念和范畴进行了定义，而外语教育方面的文化属于狭义层面的文化。

狭义文化也被称为"小写 c 文化"，这是由英国学者泰勒提出的。根据张岱年等学者的定义，文化被分为六个等级：第一等级为物质。这是为人类的生活生产而服务，经过人为加工的各类物质形式，比如建筑物、飞机、火箭、轮船等，甚至于一些小的物件也可作为物质方面的文化存在。第二等级为社会制度。社会制度是人们为了处理人与人之间的关系而形成的一套行为准则，其内容包括家族制度、婚姻制度、社会经济制度、政治法律制度等，人类社会的发展必须要依靠社会制度的约束作用。第三等级为科学艺术。在人类历史的长期发展中，形成了诸多学科，有自然学科、社会学科和人文学科等。自然学科如数学、物理学、天文学、化学、生物学。社会学科与人文学科如政治学、哲学、法学、经济学、语言学、历史学等。第四等级为语言以及其他的交际系统。语言将人类聚集在一起，除了语言外，人们也可以采用表情、手势、体态的方式来进行交际。当然，其作用与语言是无法相提并论的。第五等级为习俗和行为。在人类社会中，有很多约定俗成的相互交往行为，这也属于文化的组成部分。第六层级为世界观、民族性、价值系统等。世界观和民族性被视为是文化的核心内容。价值系统是人们评判是非黑白的一种准则体系，这均会对人们的行为模式和生活方式产生影响。

上述六个层级是息息相关的，正是由于这一属性才将人和动物之间区别出来。狭义的文化主要包括第二、四、五、六层级，关于英语教学的文化内容，则属于狭义层面的文化。

（二）文化心理学理论

文化心理学理论是在 20 世纪末期诞生的，它有效地弥补了传统主流心理学理论研究的不足。综合来看，文化心理学理论并无统一的研究范式，而是由诸多的理论和观点组成。其中，科尔的理论影响最大。具体来看，文化心理学理论研究的基本观点包括以下四个方面：

1. 人造媒介观

根据维果斯基的理论，人的心理机能包括低级和高级两项内容，而科尔的研究继承了这一观点。他十分关注媒介与工具的作用，在维果斯基的基础上又作出了新的创新。他认为，人造物同时既是观念的（概念的），又是物质的。在漫长的文化发展进程中，媒介或者中介的文化也表现出了新的发展模式。科尔认为，主体和客体之间有时是一种直接关系，有时则是一种间接关系。他将人造物划分为三个维度，第一维度是初级的人造物，是人们在生产实践中直接使用的人造物，比如针线、棍棒、斧头等，还有电信网络、书写工具、词语等；第二维度是初级人造物的表征，在表达信仰或者传递方法上起着重要作用，比如法律法规、规范制度、信仰等；第三维度则是一种相对独立的世界。在这个世界中，并没有习俗、规则的制约，是精神和心理层面的内容。

2. 生态语境观

科尔提出，自然条件不同，带来的心理条件也会有所差别，由此就会引发各不相同的心理活动，造就出不同的心理结构和生物结构。在文化形成的初级阶段，自然已经能够满足人们的基本需求，于是人与自然之间就会形成特殊的物质交换活动，也带来了不同的文化心理和文化行为。随着人类社会的发展，人的生活方式也会逐步发生变化，此时，生态或者语境就在发挥着作用。在不同的生态语境下，人们的适应行为表现出了明显差异。在人的主观能动性的驱使下，制造出了各种类型的人造物，人们以此为中介来修正自己的行为和活动❶。科尔也提出了语境的明确概念。他认为，语境规则同人与自然之间的关系息息相关，并引用语境来解释人与文化之间的关系。人与文化之间是相互交织的关系，文化会影响人，也是由人来构建的。人会处于特定的文化场景之中，文化也是人本质属性的一个反映。

3. 实践观与活动观

科尔也非常重视实践的作用。维果斯基提出，人的智力是在活动过程中不断发展的，也是各类活动内化的结果。人的认知和发展与周围环境息息相关，其思想、态度、价值观都会在人的交往过程中发展，这一发展则是取决于实践活动。科尔还认为，活动和实践之间会相互渗透。社会现实是由各类实践来组成的，实践是整个社会的构成要件，并且各类实践要素也并非孤立存在，而是一个相互联系的整体，因此，对于心理学的研究也更多需要在社会情境中进行，而不是在实验室中开展。

4. 多元文化观和文化相对论

科尔提出，文化具有多元性的特点，文化之间也有着明显差异，各个文化都有其存在的理由。根据科尔的研究成果，他认为，人在心理和行为方面的差异主要表现在其应用场景和场合的差异上，人的心理和行为总是会与其从事的活动或者所处语境的活动保持一致，因此，不能片面地评估什么文化是先进的，什么文化是落后的。

科尔的文化心理学理论有效地弥补了传统主流心理学的不足，并且中肯地指出了主流心理学存在的问题，也为心理学发展提出了新的思路，进一步拓宽了心理学的研究视野，能够帮助人们更好地理解同一文化或者文化心理在不同阶段的联系性。

---

❶ 葛鲁嘉：《文化心理学研究的当代走向》，《山西师大学报》（社会科学版）2021年第48期。

（三）心理学认同理论

"认同"最早是哲学层面的一个名词。从现代心理学角度来看，"认同"是弗洛伊德最早使用的。弗洛伊德认为，"认同是个人与他人、群体或模仿人物在情感上、心理上趋同的过程"。民族认同与文化认同之间有着一定的差别，但是也有着密切联系。所谓民族认同，即个体对于本民族的一种态度和信念，还包括由此产生的一种归属感，而文化认同则涵盖民族和国家层面的内容。相较而言，文化认同的范畴更大，民族认同属于文化认同的一部分，两者是密不可分的。在涉及民族认同时，不可避免地也需要分析民族文化的认同问题。如果一个民族失去了对自身的文化认同，那么将不利于本民族的发展。

民族态度属于民族认同的一个重要概念。态度有积极和消极之分。当个体有积极的民族态度时，他们往往会对本民族产生认同感。反之，则会对本民族产生一种消极心态。个体在具备积极的民族态度时，就能够以自豪的方式来看待自己的身份。相反，如果个体的民族态度消极，那么他们就会对本民族的习俗、文化、语言、宗教等产生自卑情绪。语言态度则包括认识、情感、意象。认知是个体对语言的赞成或者反对；情感则是对语言产生的一种感情；意象是个体对语言的一种行为倾向。

（四）少数民族地区语言教育价值取向

传播是文化的生命力所在，语言也是传播文化的重要工具。在文化的传播过程中，也会出现新的语言和表达方式，任何一种文化都并非单一的，都会吸收其他的优秀文化。在21世纪，地球已经成为一个"地球村"，"互联网+"时代极大地拉近了人与人之间的距离，在这一背景下，英语学习的目的、英语教学的目标、方法、手段等都发生了变化。在新形势下，必须要做到革新英语教学模式、改革教学方法，既要为学生教授语法、词汇和语音，又要注重学生跨文化交际能力的培养。语言是文化的组成部分，也是文化的重要载体。语言会受到文化的影响，反之，语言也会对文化产生影响。因此，在英语教学中，教师需要发挥出文化的载体作用，不能单一地将语言作为一种符号系统。针对少数民族地区的语言教育，其价值取向应当是通过语言教育来开展文化教育，实现语言教育、文化教育的相互补充。

第二章　蒙古族大学生英语学习问题表现

蒙古族大学生在进行英语学习时，表现出了一些明显的学习困难。要想成功地进行蒙古族大学生的英语教育，就必须厘清他们在英语学习中存在的普遍难题。

一、学习观念滞后

（一）概念界定

1. 观念

在不同的情境中，对于观念的表述和解释各有差别。观念本身具有一定的主观性，是人们精神层面可接受的一种看法，并且往往不会在事实中进行确认。有学者从相关性角度来给出定义，观念会在特定情况发生时引导人们作出反应，会影响行为的发生，行为也会影响个体的观念，甚至于改变个体的观念。观念和行为之间是相互制约、相互作用的关系。还有一些学者从抽象性上明确了观念的概念，即观念是个体对客观事实进行评估后产生的抽象概念，有着动态性的特点，并且观念会导致个体对抽象概念的认识产生变化。还有的学者从个人经验和现实角度上分析了观念的含义，即观念是个体有意识或者无意识的一种评价性主张，会改变个体的思想和行为，也会受到外部环境因素的影响。

2. 学习观念

将观念置于教育领域，就诞生了"学习观念"，它被认为是个体经验的组成。观念是在现实的催生下产生，属于世界的组成部分。学习观念是一个抽象、复杂的概念，是主观认识和客观环境之间的共同作用结果，会受到个体知识、经验、外部环境等因素的影响。教育领域的学习观念则反映了学习者对于学习方法、知识技能、学习过程的一种看法和态度，又与学习者的受教育经历、个性特点、社会文化环境、现实生活之间有着密切联系，会对学习行为和学习结果产生影响。学习观念具有五个功能，一是帮助人们理解适应世界；二是提供意义；三是帮助个体融入社会体系；四是提供指令以及共同的价值观；五是减少困惑和失衡。

3. 英语学习观念

英语学习观念一直都是第二语言研究领域的热点话题。学习观念是学习者对于自身学习过程以及教育学的本质给出的一般假设。艾林·霍兹（Elaine Horwitz）在《学生语言学习观念调查》一书中设计了语言学习关键量表。他认为，语言学习观念会受到语言天赋、语言学习性质、语言学习困难、语言学习和交际策略、语言学习动机的影响，并且这5个维度又可以划分为34条语言学习观念。语言学习观念具有四个特点：一是相对稳定性。在语言学习观念形成之后，会长期存储于学习者的记忆中，很难被改变或者忘记，也会对学习者的语言学习质量产生影响；二是可承受性。学习者可以清晰描述自己心中的语言学习观念，包括语言的功能、语言学习策略的使用、语言学习的困难、语言学习的风格、学好语言的方法等；三是易错性。学习观念形成于特定的学习环境和文化环境之中，会受到学习者个人以及同学、家人、教师等其他个体的影响。学习观念具有主观性，并且不一定是完全正确的。采用合理的学习观念能够帮助学习者克服语言学习中的各类困难，从而提高学习自信心，反之，消极、负面的语言学习观念则会导致个体对语言学习的动力变得低下，甚至出现焦虑等负面情绪；四是交互性。语言学习观念会对学习者的学习目标、学习策略、学习结果产生影响，这主要是受到个人主观思维的影响，不一定是学习者对学习现状的真实反馈。

从20世纪80年代开始，外语教育更加关注学习者的主观能动性，语言学习观念也受到了高度关注。学界从多个角度研究语言学习观念，尽管针对语言学习观念诞生了不同的术语，但是相互之间都是存在共性的。语言学习观念倡导学习者对于语言学习本质以及过程的认识，还强调社会、文化等因素对语言学习活动带来的影响，强调语言学习观念对于行为的直接作用。语言学习观念不仅是学习者对于语言本身的认识和思考，还需要关注到环境因素对于学习者的影响。

综合前人的研究来看，当前，关于语言学习观念还未形成一个统一的界定。本书认为，语言学习观念是一个稳定、复杂的系统，是学习者在长期语言学习过程中形成的一种观点、看法和态度，这会对语言学习的目标、方法和效果产生影响。语言学习观念会受到各类内部和外部因素的影响，既有动态性，又有稳定性，学习者可以通过调整错误的语言学习观念来提升自我。

（二）学习观念滞后的具体表现

1. 长期的失败经历使学习者对英语学习产生抵触

从蒙古族大学生的经历来看，他们生活的地区经济发展相对滞后，从小开始学习英语的学生不多，大多数学生从初中开始才接触英语学习，并且家长普遍对于英语学习也不太重视，尤其是一些家庭经济状况不佳的父母，他们对英语学习更不看重，这也导致子女认为英语学习是可有可无的。在一些条件相对落后的地区，当地居民主要是从事农耕和畜牧业，还有大量青壮年劳动力会选择外出务工，不少学生从小跟随长辈们长大。在这种封闭的环境下，他们不了解英语学习的重要性，而学校即便开设英语，也很少会将英语作为一门主课来进行系统化的教学，社会上开设的英语辅导班也不多。另外，蒙古族大学生在小时候接触英语时，学校由于未能提供系统化的英语教学体系，开设的课程内容较少，趣味性的教学不多，在启蒙性的英语教育中学生无法收获乐趣。

比如，学生 A 反应："我在进入初中之后才开始正式学习英语。学业压力十分繁重，英语中除了有单词、语法、句型结构等，还有大量的习题要做，难度有些高，老师也是用汉语来授课，主要教授教材中的单词和句子，会带领我们反复地听、读。课后，老师会布置背单词、句子的作业，第二天再默写。由于之前没有接触过英语学习，开始时还能跟上进度，后来随着难度的增加，就开始难以理解语法的意思。到了初三之后，英语学习难度就更高了。老师告诉我们，如果想考上好的高中和大学，就必须要多背单词、掌握语法、多做阅读题。但是，对于我而言，难度实在太高了，语法非常难，我常常分不清楚动词、介词和形容词，做题就老是出错。由于长时间没有找到科学的学习方法，我对英语也就渐渐产生了一种负面情绪。"

从学生 A 的反馈来看，他是在初中阶段才开始接触英语的，教师教授的内容是以教材为主，带领学生反复地读单词、分析语法、解练习题，缺乏系统化的教学体系。学生 A 尽管跟随着教师的步伐来前进，但随着英语学习难度的提升，一时之间出现了跟不上的情况，而后续如果没有及时地答疑解惑，那么英语学习必然会出现障碍。在初三阶段，英语学习是以复习、考试为主，教师会为学生布置大量的语言知识练习，更加侧重语言"输出"、而忽视了"输入"。每个学生的实际情况各有差别，有的学生性格比较内敛，没有及时求助教师，导致英语学习出现困难，这种困难就容易导致学生在英语学习中出现负面情绪。

学生 B 提出："在初中阶段，我还能适应英语学习节奏。但是上了高中之后，就觉得英语难度非常高，每次只能考70到80分，英语满分是150分。由于经常不及格，感觉压力非常大。尽管老师会要求我们每天背诵重点单词和语法，但是比起初中来说，高中时的英语难度确实是高了很多。虽然每天都抓紧复习、多读多背，但还是很容易遗忘。阅读失分也非常严重，由于文章理解不了，总是选不对，慢慢地就越来越跟不上，我觉得英语真是高考中的'拦路虎'"。

学生 B 上的是内蒙古自治区当地的一所重点高中，学生整体的英语水平相对较好，但是学生 B 在中考的英语成绩并不理想，与班级其他同学存在差距。在进入高中之后，大部分教学都是为应试服务，教师要求学生记忆知识，忽视了学生综合能力的培养。由于 B 英语基础本身就比较薄弱，缺乏自主学习能力，没有掌握正确的学习方法，难以适应高中阶段的英语学习。由于对音标的掌握不扎实，学生 B 也做不好练习。在遇到困难时，没有主动寻求教师的帮助，学习问题也就积压得越来越多，跟不上教学进度，从而对英语产生了厌倦心理。

学生 C 则提出："在顺利考上大学之后，我发现大学英语的难度太高了。课文、单词都非常长，老师上课时也不像中学老师讲得那么细致，而是需要我们进行自主课后练习。老师在上课时基本全程用英语讲课，也让我们用英语回答。但是由于难度过高，我不知道怎样才能学好英语。有时会用手机 App 来查阅单词、进行阅读练习，但大学英语对我来说还是很难，尤其是阅读和写作，简单一点的还能想办法解决，但是对于难一点、复杂一点的内容就不行了。后面还面临着考四级的任务，我感觉压力非常大"。

2. "英语无用论"思想作祟

从内蒙古自治区来看，在西部大开发政策的指引下，人们的生活条件得到了一定的改善，贫困落后的现状也不复存在，但是居民的受教育水平普遍偏低，家长对于英语的重视度不够高，甚至会给子女灌输"英语无用论"的思想，致使部分蒙古族大学生认为英语学习是可有可无的。

学生 D 提出："我的家乡位于内蒙古自治区的一个农村，不像这里到处都有高楼大厦，买东西也十分方便，我们那边就是草原和山，交通不太方便，父母没有走出过镇上，我也是考上大学以后才第一次坐火车。在家里，我和父母交流都是用本民族语言，不说普通话，他们也不会说普通话，家里的亲戚也是如此。虽然从小时候我就开始学汉语，但是我的普通话并不好。生活在农村家庭对我产生了很大影响。我的妈妈没有读过书，爸爸是小学文凭，父母都在家务农，他们对教育不重视，说起英语，他们也会说'学那个东西干什么'。上学之后，父母也并不关心我的成绩。受到父母这种思想的影响，我有时候也认为学好汉语就行了，英语是可有可无的。"

少数民族大多居住在相对不发达的地区，当地的基础教育和教学条件比较滞后，学生的家庭情况也参差不齐。由于在日常交流使用本民族语言，导致蒙古族大学生的普通话水平较低，不能跟上课堂所学的内容，加之亲朋好友"英语无用论"思想观念的影响，他们会对英语出现一种厌倦情绪。

学生 E 提出："我觉得大学英语课程与高中其实没有什么太大的不同，反正都听不懂。老师反复强调英语口语训练十分重要，让我们多练习，我也想要提高口语表达能力，想像其他同学一样说一口流利的英语，但是我的英语基础太差了，应该不可能学好。在大学期间，我觉得学好汉语就可以了。如果努力的话，毕业前应该也是还能过英语四级的。从初中开始，我们学习的就是"哑巴英语"，虽然有些问题的答案我也会，但是就是不知道怎样表达。我们期末考试时会考口语，平时我也会读单词、读句子，但是我普通话说得不好，英语就更差了，总是担心说不好，其他同学会嘲笑我。由于来自少数民族地区，我的口音比较重，单词发音也不标准，分不清前后鼻音，感觉英语学习非常枯燥。在大学期间，我只希望顺利拿到毕业证就可以了，我以后都不想再看到英语了。"

学生E对于英语一直都存在负面情绪。由于基础差导致E不愿意用英语进行交流与表达，此前也没有对英语学习产生兴趣。尽管认识到了英语的重要性，但是依然是得过且过，仿佛通过英语四级考试是唯一的动机。

二、策略应用不当

（一）概念的界定

1. 对英语学习策略的界定

关于策略，在当前的文献研究中还未有统一说法，其概念界定不是非常清晰。最初策略应用于军事层面，指开展大规模军事行动时进行的计划和指挥。心理学、教育学领域使用该术语之后，策略指的是加工信息所用的具体方法、技能和程序。从第二语言习得角度来看，关于语言学习策略还没有统一的定义。斯坦恩（Stern）认为，策略一般是用来指一种倾向或者学习者带有总体特征的方式；温斯顿和迈尔（Wenstein and Mayer）认为，学习策略是学习者采用的技巧、方法或者一种有目的的行为，这能够帮助学习者更好地学习知识、回忆语言、掌握内容。

从现有的研究界定来看，有的研究者将策略作为外显层面的定义，有的研究者则认为，策略属于内隐性的心理活动。有的学者提出，策略、技巧是截然不同的概念，出现在语言学习中，策略有词汇学习策略、语法学习策略等。综合来看，从广义来讲，学习策略是学习者在获取信息、存储信息和提取信息时的步骤和做法。在语言学习领域，指学习者通过自我调节来提高语言学习能力的自我活动。国内外有关语言学习策略的研究从20世纪70年代就已经开始，研究内容涵盖成功语言学习者所具备的学习特点、学习态度和学习动机、学习行为和学习效果的关系、成功和不成功的差别等。这些研究表明，在相同的外部条件下，学习者采用不同的学习策略，将会影响学习成绩。当一位学习者掌握了科学的学习策略，往往更容易取得良好的学习效果。

2. 学习策略的分类

目前，学界关于学习策略的分类主要有四种类型：

（1）查莫特（Chamot）的三分法

查莫特基于信息处理理论将学习策略划分为三种类型，即元认知策略、认知策略以及社会/情感策略。以下环节属于元认知策略：准备集中注意、选择注意、自我管理、事先练习、自我监控、延迟表达以及自我评价，其发挥的作用是管理、监控和评价；属于认知策略的环节包括重复、归类、演绎、翻译、利用目标与资源、利用声音表象、利用上下文情景、利用关键词、拓展、迁移推测等；合作和提问组成社会/情感策略，能够使语言学习者拥有更多的机会进行学习。

（2）牛津（Oxford）二分法

从策略和语言之间的关系出发，牛津将学习策略划分为直接策略和间接策略两种类型。直接策略是指策略选择与所用语言直接相关，直接策略由认知策略、记忆策略和补偿策略组成；间接策略指的是策略使用和语言之间无直接关联，包括情感策略、元认知策略和社会策略。

（3）科恩（Cohen）二分法

科恩把学习策略分为学习语言策略和应用语言策略。学习语言策略就是为了达到学习语言目的而采用的策略；为了更好地应用语言而采用的学习策略，即为应用语言策略。

上述几种分类中有一定的相似之处。按照我国学者的研究来看，语言学习策略包括认知策略、交际策略、调控策略和资源策略这几类。其中认知策略，就指的是为了达到完成对应任务的目的而选择的步骤和方法。运用这一策略人的认知可以得到优化，具体表现为学习者能够集中注意力、善于做笔记、可将新旧知识联系起来、掌握学习规律、能够区分积极词汇和消极词汇、可以借助其他渠道获取信息、能够对所获取的信息进行科学分类和存储；当学习者为了获取到更多的机会进行交际、为了提高交际效果而使用的各种策略则是交际策略，比如与他人主动交谈创造交际机会、克服自身以及外界的交谈困难、在交谈遇到困难时使用借用、转述、求助与手势与回避等方式解决，这都属于交际策略的类型；调控策略被学习者用来调节自身学习过程、开展反思和评价，在某种程度上与语言认知策略类似。调控策略能够帮助学习者以科学的方式控制自己的思维过程，比如明确学习目标、善于制订学习计划、能够把握每一个学习机会、可以寻找行之有效的学习方法、主动参与课内外学习活动、总结成功经验、在学习遇到困难时知晓如何突破、可以与同学或者教师组成学习共同体等，这都属于调控策略；资源策略是学生科学应用多媒体等资源来学习英语的一种策略。在学习语言时，资源的调用十分重要，很多成功的语言学习者不仅非常重视课堂学习策略的应用，也会充分利用其他机会有效发挥出资源策略的作用。

3.学习策略的作用

（1）唤起意识

学习者如果能够成功做到唤起意识，就可以显著提高其获取信息、存储信息、检索以及应用信息的能力。有意识地应用学习策略，能够使学习更加高效。

（2）提高成绩

根据研究显示，之所以在语言学习中有的学生取得的成绩较好，很大一部分归因是由于其应用了科学的学习策略。研究也显示，在各类外部条件相等的情况下，善于使用策略的学生能够在语言学习中取得更大的成功。

（3）提高学习效率

如果学习者能够进行学习策略训练，就能够进行最佳判断和选择学习任务，就能够做到花较少的时间完成任务，从而提高学习效率。

（二）学习策略应用不当的具体表现

1. 认知策略

根据"国家英语课程标准"，为了完成具体学习任务，学生采用的步骤和方法是认知策略，例如理解学习内容、加深学习内容的记忆等。学习策略的核心就是认知策略，具有以下三个特征：随着学习活动的深入，认知策略会逐步形成；认知策略是对学习方法进行沟通的一个操作系统；学生对于学习目标期望的高低和学习内容的难易程度会影响他们的认知策略。善于学习的少数民族大学生能够考虑自己的学习水平、参照具体学习任务难度和自我认知风格来进行策略调整，需要考虑具体情况而运用普适性的学习策略。认知策略是英语学习中采用的主要策略。根据蒙古族大学生在英语学习中的策略选择来看，其认知策略的成效并不理想。根据教学实践来看，蒙古族女大学生在英语学习中表现得更加踏实、细心，而男生虽然擅长思考，但是不愿意从事一些细致的工作，因此，在认知策略上，蒙古族女大学生表现更加优异，考试分数也高于男生。

学生 F 表示："从小我就对英语学习不感兴趣，在课堂上也常常不认真听课。在高考成绩中，英语成绩也较差，其他科目的成绩不错才得以进入大学。我感觉英语学习非常烦琐，要记单词、记语法，理解起来难度也有些高。相比起来，我觉得数学、物理更具趣味性，在这其中我能感受到科学世界的乐趣。"

学生 G 提出："我在英语学习中很难集中注意力，尽管上课时也会做笔记，但是在课后没有及时地进行思考、整理、联想，知识归纳能力较差。课前经常不按照教师的要求来预习，课后也很少进行复习。由于词汇量少，不善于采用科学的学习策略，加之复习不当，导致英语学习成绩较差"。

综合来看，蒙古族大学生在认知策略上存在着种种问题，具体表现为不善于思考、归纳能力较弱、联想能力差、缺乏科学的预习和复习习惯，由此就影响了其知识迁移能力。

2. 交际策略

在语言学习过程中，学生为了得到更多交际机会、改善交际效果所采用的策略即为交际策略。在蒙古族少数民族大学生的英语学习中，交际策略的使用频率相对较低，基本上很少使用。不论是英语成绩较好的学生，还是中等生和学习困难的学生，对于交际策略的使用都非常少，这就说明蒙古族大学生在遇到遇到英语交流时，不善利用表情、手势、姿势等来表达思想，也难以克服语言上的障碍。究其根本原因，是由于多数蒙古族大学生的英语基础较弱，长期以来的英语教学也更加关注笔头形式，教师为学生提供的训练机会不够充分。而课后，由于语言交际环境的缺乏，导致学生在交际方面缺乏真实的需求，而在课堂上开展的练习机会多为形式较为简单的交际模拟，主要是为了锻炼学生日常交际用语的使用能力。而目前高考也未将考生口头表达能力的锻炼作为必考项目。有的地区会进行英语面试，但是也存在流于形式的问题，对于学生交际能力的培养不甚理想，这就致使蒙古族大学生使用交际策略的意识不强。

3. 调控策略

所谓调控策略，就是个体对于学习进行的计划、实施、反思和评价。如果学生能够根据自己的英语学习成绩进行正确调控，能够科学调整学习目标和学习方法，克服害羞和焦虑心理，那么，英语学习成绩便能够得以有效提升。

学生 H 表示："我的性格内向，不敢开口说英语。尽管基础知识掌握得还不错，但在进入了大学之后，老师常要求我们开口说英语。我在初高中所学的英语多是'哑巴英语'，教师是将教学目标集中于应试方面。在高考成绩中，我的英语成绩还不错，有110多分，但是听、说的能力非常弱，尤其是说的能力。我在说英语时存在一定的口音问题，在课堂上，由于担心其他同学和教师笑话自己，所以我很少主动开口。"

学生 I 表示："学好英语是为了以后有更好的前途，这个道理我是明白的，所以尽管现在我的成绩在班级里面算比较差的，我也没有灰心，我觉得积极的心态非常重要。刚开始的时候，我的英语成绩基本上是垫底的，基础非常差。后来，我请教了同学和教师，特别是一些英语成绩较好的同学，他们非常热心给我讲述自己的学习心得。我听了之后颇有体会，也会根据他们的建议来调整学习方法，效果还不错。"

综合来看，由于从小的语言学习环境、家庭教育等因素的影响，蒙古族大学生对于英语学习普遍缺乏科学的调控策略。在学习成绩不佳时，他们往往无法精准寻找到自己的原因。而根据国内外的研究显示，成功的语言学习者所具备的一个共性就是，他们会充分利用语言学习的内部环境和外部环境，能够从自己的需求出发，有计划有目标地总结学习方法、探索学习策略，而蒙古族大学生在这一方面是相对比较欠缺的。

4. 资源策略

资源策略指学生为了达到合理利用资源的目的从而进行学习和应用英语的策略。蒙古族大学生资源策略的使用频率也相对较低，女生相对要优于男生。如果善于应用资源使用策略，可帮助学生有效扩展知识面，因此，掌握资源策略的学生在阅读理解题型和完形填空中会更占优势。蒙古族少数民族大学生很少利用各类渠道获取英语信息，他们学习英语的主要渠道还是教材或者配套的应用软件。实际上，在目前的"互联网+"时代下，各类英语学习资源非常丰富。如果能够善用这些英语学习资源，将能够使蒙古族大学生英语学习事半功倍。但是遗憾的是，大多数蒙古族大学生缺乏对信息进行分类、归纳和存储的能力，无法有效利用各类学习资源。正如一位学生提到的："在遇到不认识的单词时，会拿出手机来查阅意思。但是手机上一个单词对应的意思可能有很多种，我不知道这个单词在特定的语境中是什么含义，有时就得过且过了"。

综合来看，很多蒙古族大学生受到教学体制、学习环境等因素的影响，在英语学习中的策略选择不当。很多学生反映不知道该如何学，也不知道对待英语应该采用什么方法，大多数蒙古族大学生主要是采用背课文、背单词、强化练习的教条化学习策略。他们会将中学阶段的学习策略沿用到大学，而这种学习策略显然并不适合每一个学生。与中学英语相比，大学英语的密度、广度、深度等有了新的变化，对于个体能力要求也就更高。在大学阶段，教师不会紧盯着学生，更多需要学生的自主学习，且教学进度较快，学生没有足够的复习巩固时间，这就要求学生在课前、课后留出更多时间来巩固学习，而多数蒙古族大学生缺乏这些能力。除此之外，语言学习环境也至关重要。语言的输入只有在特定情境中才能被真正地把握和理解，因此，在英语教学时，需要尽可能调动起学生的视觉、听觉等感官。而目前大学英语课程中存在模式固定和单一的问题，教学手段也主要是以书本、黑板、粉笔、多媒体为主，学生的课外学习手段需要继续丰富，上述种种因素导致蒙古族大学生对于学习策略的选择存在各类问题。

三、语言的负迁移

（一）概念的界定

1. 迁移

迁移一词有着悠久的历史，1981年，威特（waiter）使用迁移来特指跨语言带来的影响，最初的定义是发生在双语中偏离一种语言规范的现象。此后诞生了负迁移，就是将母语看作是对目标与习得的障碍，事实上母语对于目标语的习得既有消极影响，也有积极作用。

2. 母语迁移

母语迁移一直都是二语习得中研究的热点话题。目前尚未形成一个有关迁移的一致定义。从母语迁移理论的发展进程来看，其包括两个重要的历史阶段，一是对比分析假设阶段，二是中介与假设阶段❶。在英语交流中，语言迁移的问题是不容忽视的。从我国英语教学领域来看，已有大量学者针对母语迁移问题进行了研究。语言学家拉杜（Lado）曾经提出，人们倾向于将本民族的语言和文化形式迁移到外民族的语言与文化之中；奥德林（Odlin）认为，目标语和已习得语言之间的差异和共性都会对目标语的学习带来影响。可以看出，语言的迁移是语言学习中的普遍现象；拉多（Lado）还提出，学习是刺激和反应的强化。在外语学习中，母语的语言习惯和学习方法必然会对外语学习产生迁移，这种迁移包括但不限于语言层面的内容，还涉及与语言相关的传统文化、社会历史以及思维模式方面的迁移。关于"迁移"的定义，一直都充满争议。在语言学习中，需要以理性态度来分析母语迁移。纵观二语习得的相关研究历史，虽然在每一个阶段有关迁移现象研究各有特点，但是这些研究的结果都指向一个事实：在二语习得中广泛存在语言迁移现象。

（二）语言迁移：类型与表现

对于母语迁移的类型，学者们的划分标准各不相同。瑞恰兹（Richars）认为，二语习得的错误分为发展性错误、语际错误和语内错误；葛丽莲认为，母语迁移有句法、词汇、思维模式、逻辑推理带来的负迁移几种类型；柳淑芬认为，母语迁移有语际错误、语内错误、思维错误、语篇错误几类；熊金芳认为，母语的迁移包括词汇迁移、句法迁移、语篇迁移、文化迁移、书写习惯迁移。综合现有研究来看，关于母语迁移类型的研究主要是集中在负迁移方面，主要将其划分为词汇负迁移、语篇负迁移、句法负迁移三种类型。

实际上，母语迁移的类型除了负迁移外，还有正迁移。现有研究主要是以汉语作为第一语言来开展的母语迁移研究。奥斯贝尔（Ausubel）认为，母语迁移的发生是有条件的，是通过一系列新知识与旧知识相连的过程才能够发生。在有意义的语言学习中，必然会伴随迁移。学生在学习英语时，很难摆脱母语迁移的影响，因此第二语言的掌握受到既定的思维模式和学习经验的影响。其中有负面影响、也有正面影响，能够对语言学习产生积极影响的迁移就是正迁移，相反，产生的迁移就是负迁移❷。在学习语言时，母语正迁移和负迁移是时常伴随的，正迁移和负迁移的程度由第一语言和第二语言之间的相似程度决定。通常来讲，正迁移有利于语言学习，负迁移会影响语言学习的成效。

从正迁移角度来看，如果母语和目的语之间的模式相似，那么在学习时就会产生正迁移现象。汉语与英语分别属于不同的语系，两种语言存在较大的差异。虽然两种语言

---

❶ 雷野：《跨文化背景下的语言负迁移对公式化语言使用的影响》，《海外英语》（上）2022年第8期。

❷ 王慧：《二语习得中语言负迁移的心理机制》，《新乡学院学报》（社会科学版）2010年第24期。

的发音和拼写差异较大，但具有相似的语法结构，即主、谓、宾结构。在英语中常用的七种句型与汉语基本相同。这种语法结构的相似性有利于我国学生学习英语，可以参照母语的语法顺序来学习英语的句子。如果掌握了这类句型结构，那么就能够帮助学生在较短时间内掌握英语句法规则，此时，就会产生正迁移。

从负迁移角度来看，我国学生在英语学习中，更多会受到母语负迁移的影响。负迁移会表现在学习英语的全过程中，对语法、句型、语义均产生影响。比如，受到母语的影响，我国学生会将"大雨"描述为"big rain"，而不是正确地采用"heavy rain"来描述。受到母语负迁移的影响，导致学生很难学到地道的英语，并且这种负迁移很容易导致学生出现语用错误，比如，在得到他人夸奖时，按照汉语的习惯，人们会以自谦来应对，而在英语中是直接来表示感谢。尽管这并不是语法和语义上的错误，但却并不适合应用在英语交流中，这会导致跨文化交际产生障碍。

语言迁移会出现在英语语法、词汇、句法、语篇等各个子结构中。具体来看，影响语言迁移的主要因素主要集中在以下四个方面：

1. 意识因素

从语言迁移的角度来看，出现在词汇、语音、语篇上的迁移通常要比其他部分更多，这通常被认为是学生语言意识的影响。语言意识的影响常常是潜移默化的，会对学生的学习产生一定的误导。在现有的英语教学中，教师对于语言意识并没有予以更多关注，不少教师对于语音和语篇的作用也未产生清晰认识，导致学生在学习英语时未能控制好语言意识对英语学习带来的负迁移。

2. 社会因素

学生学习英语是为了能够活学活用。要学好英语，就要掌握词汇，还要掌握语法结构，并且还要具备一定的语言背景文化知识。如果忽视了这一点，在跨文化交际时就经常会出现意识表达和语法方面的错误。当前，影响跨文化交际的主要因素是社会因素。在很多情况下，学生在学习英语时会不自觉地维护母语的标准性，尽可能使用母语的相关语句，这不仅会影响交际质量，有时还会闹出笑话。

3. 心理学因素

从语言迁移理论的现有研究来看，母语迁移程度会受到母语与目的语的距离影响，这本身也是一种语言现象。由于两种语言之间的实际差异，导致学生在学习英语时会出现一系列的心理问题。如果学生认为母语和目的语之间具有较大差别，有时这种难度会对他们的心理造成一定压力。由于这一因素的影响，就会出现负迁移问题。

4. 发展期因素

从学习实践来看，语言迁移情况与学生目的语掌握情况也有一定的联系。随着学生学习的日益深入，他们的母语使用习惯也会受到目的语的影响。在学习初期，学生对于目的语掌握水平偏低，受到语言负迁移的影响也较大，此时，他们还没有熟练使用目的语，在一些情况下，还会不自觉的产生语言混用问题。随着学生学习的深入，学生对于语法、语序、语言组织和词汇的掌握逐步深入，对于目的语的应用也变得游刃有余。在这种情况下，受到语言负迁移的影响就会变得越来越小。

四、学习心理不佳

（一）相关概念界定

1. 学习心理

学习心理是以学生作为研究对象，立足于学习本质，分析其行为和认知过程的一种研究，其侧重的是对学生规律心理方面的内容。首次提出学生学习心理的教育学家是艾宾浩斯。他借助实验法记录了学生的学习行为和记忆等高层级的心理活动过程。以此为基础，桑代克提出了联结论。20世纪中后叶，布鲁纳、奥苏伯尔提出了学习心理认知观，进一步丰富了关于学习心理的研究。现代学习心理研究更加侧重于如何激活学生的主观能动性，其研究内容也开始将教学和学习心理之间结合起来，进一步完善了关于心理学的研究体系。

2. 英语学习心理

关于英语学习心理，其研究来自教育心理学与普通心理学。与教育心理学相比，增加了英语学科的特色，其主题是英语学习过程。总体来看，英语学习心理就是学习者在学习英语时出现的心理变化，英语学习心理研究强调的是学生的心理变化过程。

（二）学习心理不佳的具体表现

1. 创伤心理

"创伤"是来自古希腊的一个单词。根据新国际词典，创伤是由外力或者暴力对身体造成的重伤。"创伤心理"指因不愉快的行为和不愉快的感觉而由此产生的情绪压力和身体损害。近年来的研究显示，早年受到情感忽视或者过早与父母分离的孩子，其创伤心理的发生率更高。学习创伤即在学习活动中造成的各种心理创伤，其原因多种多样，有个体因素、家庭因素，也有学校和社会因素。

根据蒙古族大学生英语学习的创伤心理来看，其主要是由于在班级中受到同学和教师的批评嘲笑或是遭遇到教师的变相体罚，由此而厌恶英语学科，从而逐步对英语学科丧失兴趣，并由此产生绝望感和无助感。这种英语学习的创伤心理一般会持续较长时间，并且在多数情况下不会愈合，即便愈合，在后续出现一些诱发因素时，创伤心理又会再次被激发出来。从现行的教育制度来看，在应试化教育模式中，每个班级中都会有所谓的差生，并且由于英语学习持续时间较长，从小学、初中时期就开始，如果学生在学习过程中由于各种因素出现心理创伤，那么在进入大学阶段，他们在受到一些应激现象刺激之后，就会对英语学习出现应激反应，从而严重影响学生英语学习成绩的提升。

2. 焦虑心理

根据斯皮尔伯格的定义，焦虑是一种会让个体产生不愉悦的情绪状态。斯卡沃提出，焦虑是一种忧虑的状态和模糊的恐惧，焦虑包括促进性焦虑和抑制性焦虑两种类型。促进性焦虑能够引导学习者主动参与学习活动，抑制性焦虑则会产生反作用。焦虑是英语学习中常见的学习心理，对英语学习也会产生持久的影响。霍维茨提出了"外语焦虑"，他认为，外语焦虑是独立的情感状态，具体表现为考试焦虑和负评价焦虑。英语学习焦虑会导致个体恐惧感和紧张感的产生，而且个体的学习成绩会受到严重影响。考察蒙古族大学生在进行英语学习时产生的焦虑心理，最常见的两种是考试焦虑和负评价焦虑。考试焦虑指的是学生担心和恐惧考试，并因为这种心理导致不良结果。蒙古族大学生普遍英语学习能力相对较弱，在考试时如果遇到不熟悉的内容或者题型，他们很容易出现焦虑和担心。在进入了大学之后，不少蒙古族大学生担忧期末考试和英语四六级考试，很容易出现焦虑心理，有的学生表现为心情极度紧张、压抑，甚至无法参加考试。负评价焦虑就是学生担心受到他人的负面评价，由此衍生出的一种焦虑情绪。在大学英语课堂上，一些蒙古族大学生担心遭到同学或者教师的嘲笑不敢开口表达，也不敢主动回答问题。在教师点名时，他们就会产生焦虑感，总认为自己的口语较弱，说英语会遭到嘲笑。有的学生在回答时如果遭到全班同学哄堂大笑，也会导致严重的沮丧心理的产生，甚至对后续进行英语学习出现焦虑感和畏惧感。

3. 逆反心理

大学英语教学活动与中学阶段具有显著差异，更多的是依靠学生自己。一部分蒙古族大学生还没有从这种模式中转变开来，依然对教师抱有较高的依赖度，希望教师能够在课堂上将每个知识点面面俱到地讲解清楚，但是在大学英语课堂上，教师开展英文授课，上课进度也较快，语言知识点也不再是关注重点，更加注重于综合技能的培养。另外，大学英语所使用的教材难度较大，所使用的词汇更多，所开展的阅读练习、口语练习、听力练习、写作任务、翻译任务的难度也大幅提升。部分蒙古族大学生认为在摆脱高中阶段繁重的学习之后，在大学能够有一些放松，但是英语学习难度却陡然提升，由此他们会感到无所适从。如果未得到及时调节，就会对英语学习出现逆反心理。在出现逆反心理之后，学生会表现为课堂上打游戏、消极对待、睡觉等，更有甚者，会选择不交作业、逃课等。

4. 应付和侥幸心理

通过高考后，部分蒙古族大学生会有这样的误解，认为在进入大学之后英语不再是主科了，只要不挂科就行，不用再努力背单词、学语法。因此，对待英语学习会以一种凑合的心理状态来应对，并且部分蒙古族由于英语成绩偏低导致高考总成绩不够理想。开始大学阶段的学习之后，他们没有充分重视英语学习，在英语课堂上不认真听讲或是聊天、玩手机，认为只要突击复习、通过期末考试就万事大吉。实际上，英语学习极为重要，大学生面临的除了期末考试外，还需要通过大学英语四六级考试，但不少蒙古族大学生对待英语抱有一种侥幸心理，平时不学习，在考试时寄希望于猜测、作弊。如今的考试制度十分严格，这种应对和侥幸心理最终会对学生的英语学习造成严重的负面影响。

第三章　蒙古族大学生英语学习问题的成因

纵观蒙古族大学生在英语学习过程中存在的问题，除了学生本身的因素外，还存在着一些其他的客观因素，导致了学生学习中出现困难。

一、教材因素

我国大学英语教材共出版过六代，分别为：

1961年的文科英语和理科英语。这一阶段的教材更加侧重于阅读，重点在于句法和语法内容，其他知识点相对较少。

1980—1986年，大学英语教材出版的第二个阶段。1980年我国通过了第一个《大学英语教学大纲》（草案），开始进行大学英语教材改革，提出了明确具体的英语教学目标，强调要同时重视语言基本技能和基础知识。

1987—1993年为第三阶段，此阶段内大学英语教材包括内容阅读、听力、语法等内容。当时国内很多知名专家都参与到教材编写中，教材与第二代内容相比发生了明显变化，在阅读中涵盖了快速阅读、精读、泛读几个板块，教材的编排趋于合理，素材大多是选自英语原文。

在1987年，开始推行大学四六级考试制度，这对于英语教材的改革也产生了深远影响。教材不再是一本书定全局，而是朝着多元化的方向发展。这一阶段的教材提出要"以学生为中心"，注重提高学生的英语应用能力，英语教材的编写也朝着信息化的方向发展，教材涵盖内容也较多，并有了专门的听说教材、读写教材、泛读教材、综合教材、多媒体教材以及快速教材，极大地方便了不同英语基础能力学生的学习，此为第四阶段。

2014年，我国提出了明确的有关大学英语的课程要求，掀起了新的一轮英语教学改革。在此阶段明确提出："大学英语的教学目标是培养学生的英语综合能力，特别是听说能力"，此后，各个出版社开启研发新一代教材。此阶段的大学英语教材以多媒体、信息化为基础，配套计算机与网络课程，充分体现了三位一体的教材设计原则，形成了教材出版的第五阶段。

2013年，上海市颁布《上海市大学英语教学参考框架》（试行），明确提出以学术英语为基础："大学英语教学的目标是培养学生听说读写等学术英语交流技能，使他们能用英语进行自己的专业学习和从事以后的工作，在自己的专业领域具有较强的国际交往能力。"上海交通大学出版的《新核心综合学术英语教程》标志着大学英语教学活动从传统的基础英语转为专门用途的英语，这是我国大学英语教学改革的重要突破，也是英语教材改革的标志性事件❶。

从大学英语教材的编写历史来看，每一次的教材改革都考虑到了当时的历史情况。但是长期以来，教材很难全方位关注到少数民族大学生的实际特点。截止到目前，国内也没有专门针对少数民族编写的公共英语教材。考虑到少数民族大学生对英语学习具有特殊需求，在编写大学英语教材时应考虑到学习者的民族心理、个体的民族个性和各自的民族传统文化，因为对少数民族大学生而言，他们的民族语言是母语，第二语言是汉语，第三语言是英语，学习起来本身难度就较高。

目前，不少高校针对招收的少数民族大学生实施的是英语分级教学。有的高校会参照学生的入学英语成绩或分级测试成绩，把学生分到不同等级的英语教学班级。而少数民族大学生英语基础普遍相对较弱，从班级划分来看，蒙古族大学生在进入高校后大部分分布在低班，少数学生分布在中班，进入高班的蒙古族大学生很少。在大一、大二两个学年的英语课程中，一些高校针对高班、中班和低班采用的是不同的英语教材。综合来看，低班学生的问题比较突出。此类班级生源基本上都为少数民族学生，他们的英语学习起点相对较低、进步速度相对较慢、教学成果也不够理想。从蒙古族大学生的情况来看，尽管英语课程在小学阶段、初中阶段、高中阶段都已经开设，但是由于开设英语课程的时间存在差异，学生很难培养学习英语的积极性，并且如果当地专业师资相对匮乏，就会给蒙古族大学生带来较大的语言学习压力，因为他们需要同时开展母语学习、汉语学习和英语学习，在一定程度上导致英语课程学习效果欠佳。一些高校的情况则更为严峻，部分学生的英语考试基本依靠"猜"，不少蒙古族大学生的英语仅有初中水平。

实施英语分级教学以来，有些高校的教学成果不太理想。低班学生英语起点低，尽管经历了两年多的英语学习，学生的英语水平还是未能得到有效提升，这与现行教材具有一定的关系。本身少数民族地区基础教育就相对比较落后，这一点从少数民族大学生的高考录取分数即可看出。部分原因是学生在中学学习阶段一般会将重心置于优势科目

❶ 钟玲.通识教育与我国大学英语教材流变研究［J］.林区教学，2023（5）：91-95.

上，即便英语分数低，也不会影响考大学。还有一个问题是，有些民族地区的高校把学位证、毕业证与英语四级证书不相关联，这使得少数民族大学生即便英语学生学习不好，也无过多压力。另外，国家针对民族地区本身就有一定的优惠政策，这就导致学生面对英语学习时丧失了动力。

要提高学生的英语学习能力，一方面需要教师的正确引导，另一方面则需要匹配相对应的教材。教材编写也要充分考虑到少数民族大学生的特点，针对生源差异编写具有民族特色的英语教材，提高学生的学习兴趣。同时，少数民族大学生也是区域经济、文化建设的重要生力军，提高他们的英语学习能力对于区域经济发展具有重要作用，现行的教材普遍缺乏与少数民族相关的元素，这导致学生的英语学习成果并不理想。

二、师资力量

纵观各个高校的情况，还未针对少数民族大学生安排对应的英语教学师资队伍，少数民族地区的英语教育发展速度相对缓慢、基础相对薄弱，因此，针对进入大学的少数民族学生，在师资队伍的建设上也必须要充分考虑到学生的实际情况。当前，蒙古族大学生的英语教育在师资力量的配置上存在以下问题：

（一）缺乏蒙古族英语教师

根据第二语言习得理论来看，针对蒙古族大学生的英语教学，应该将其置于一个真实情境，设置与学生兴趣相贴合的语言应用环境，使学生掌握语言的变化规律，获取到自然的语言输出。英语教学的目标并不单是为了学习语言，而是更好地应用语言，这就要求教师针对蒙古族大学生提供有助于学习英语的语言环境。从教师配备上来看，针对蒙古族大学生开展教学的英语教师最好能够掌握一些少数民族文化，目前，大多数英语教师是科班出身，他们接受过系统的培训，但是对少数民族文化并不熟悉，教师的民族结构也比较单一，以汉族为主，这对学生的语言学习也会产生一定的影响。

（二）队伍稳定性差

少数民族英语教学不仅要保证教师队伍数量满足要求，提高教师的基本素养，还要确保整个英语教师队伍的稳定性。如果教师队伍不够稳定，从短期来看会影响英语教学质量，从长期来看，则会对整个少数民族的英语教育可持续发展产生影响。在高校中，英语教师队伍存在一些非良性的流动问题。队伍不稳定已经成为制约少数民族英语教学的困境之一❶。

影响教师队伍稳定性的原因多种多样。从管理和政策上看，少数民族大学生英语教

---

❶ 多守明：《我国少数民族英语教学模式分析》，《大学教育》2014年第9期。

师待遇与其他教师略有差异，但是总体的工资水平相同，而英语教师所承担的工作任务更加繁重。以蒙古族大学生为例，英语教师在教学时不仅需要为学生传授知识，还需要与学生打通心灵进行有效沟通，这类非教学任务的工作压力较大。

（三）专业素养还需提升

在多年的努力下，各个高校针对少数民族师资队伍的建设取得了初步成果，但其基本素养并未得到同步保证，部分教师未能适应少数民族英语教育的要求，其英语专业素养还有待提升：

1. 专业知识不够扎实

要胜任少数民族大学生的英语教学要求，教师需要对所授学科的内容有深刻、恰当的理解，可以利用专业知识帮助学生解决问题，并通过学习提高自身的专业能力。从调查结果来看，在英语教学中经常会出现概念解释不严谨、基础知识错误等问题，甚至在教学中出现了句子不通顺、词语搭配不当的问题，本身蒙古族大学生的英语基础能力就较弱，在这种情况下，很难提高学生的学习能力。

2. 教学能力有待提高

英语教育活动是一种培育人才的综合性社会活动，既要求教师掌握扎实的专业知识，针对蒙古族大学生的英语教育，还需要教师有较强的教学能力，掌握蒙古族的相关文化知识，能够根据学生的所思所想来制定教学方案。目前，尽管多数高校英语教师有扎实的英语教学能力，但是部分教师的学习能力、专业知识的掌握能力较弱，会在一定程度上影响英语教学效果。教师的一些能力还未能满足蒙古族大学生的英语学习诉求，这表现在四个方面：

（1）部分教师创设教学环境的能力较弱

根据第二语言学习理论，影响学生英语学习的主要因素有教师、学生、环境和任务。针对蒙古族大学生，需根据学科特点和教学主题来合理分配教学时间、安排教学环境。蒙古族大学生英语教师承担的教学任务更加复杂，需要以学生为主体地位，创设良好的双语教学环境，激发学生的积极性，让学生能够迅速适应英语学习。目前，一些英语教师在这一方面比较吃力，尽管教师也在有意鼓励学生开展英语训练，为学生提供英语学习环境，但由于对学生的母语了解不足，缺乏创设双语教学环境的能力，这就影响了教学能效。

（2）课堂教学方法单一

在制定教学方法时，需要根据教学内容、学生特点、教学任务来灵活选择，所谓"教学有法，但无定法"。针对蒙古族大学生，教师需要选择适合的教学方法，并且进行创造性的应用。但哪一种教学方法都无好坏之分，教师要注意的就是需根据学生的需求来选择方法，结合教学情境。就蒙古族大学生的英语教学来看，学生承受的学习压力较大，他们需要同时学习汉语、英语，还需要学习专业课程。如果使用传统教学方法，只能够为学生传播基本知识，很难激发学生的兴趣，他们自然无法感受到英语学习的乐趣。从目前的教学课堂来看，英语教师主要采用讲授法、小组讨论法，讲述法是整个教学活动的基础，但如果要讲出趣味、讲得生动，就需要与其他讲述法配合使用起来。而教师普遍存在过多使用讲授法的问题，这使课堂变得乏味枯燥，师生之间的互动不足，英语教学效果大打折扣。小组讨论法是以学生为主体的讨论活动，是由学生自主进行，弥补了传统教学活动中学生被动参与的不足，但由于当前采用的是大班制授课模式，就很难兼顾到每个学生。蒙古族大学生英语基础本身就参差不齐，这就要求学生有较强的理解力和自控能力才能取得良好的效果，由于教师未能兼顾到每个学生，导致教学成果并不理想。另外，教师对于情境教学法、实物教学法的使用也较少，影响了学生的主动学习和探究能力。

（3）信息化教学水平需要提升

信息化使得整个教育界发生了明显改变，也使人类的生活、生产和思维方式发生了变化。各个行业都受到信息技术的影响进一步发展，在信息技术的加持下，使得教育有了更大的发展潜力。针对少数民族大学生提供的英语教育也得到了社会各界的支持，国家提供了专门的财政预算，各个高校英语教学硬件设施已经逐步齐全，但落实到少数民族大学生的英语教学中，各类现代化设备配备率较高，使用率却不理想，不少教师还是侧重于使用传统教学方法，缺乏信息化教学能力，导致教育资源出现严重的浪费，对教师的专业化发展也造成了一些负面影响。

（4）课堂管理能力还有待提升

课堂管理也是英语教学活动的有机组成，教师有良好的课堂管理能力是确保英语教学顺利开展的基础，其重要性往往是不亚于学科内容的。针对英语学习，每个蒙古族大学生都有自己的困惑和特点，这就要求教师需要根据他们的特点进行教学。蒙古族大学生已经初步有了自己的人生观和价值观，但是处于情绪好动、不够稳定的时期，不容易接受他人的意见，课堂管理的难度较高。当前蒙古族大学生英语课堂学习情况也证实了这一点，课堂上聊天、睡觉、看剧的学生并不少，在课堂上不听从教师安排、消极对待的学生更是屡见不鲜。

3. 职业道德亟待提升

在社会经济的发展下，社会中出现了一些负面思潮，部分高校英语教师在职业道德上出现了缺失，没有做到爱岗敬业，仅仅将工作作为谋生工具，对待学生的英语学习活动不够认真，缺乏教师的责任感，导致学生出现了严重的厌学心理。

上述问题的存在都会直接影响蒙古族大学生的英语学习质量。出现上述问题的原因是多种多样的，主要受六个因素的影响：

第一，少数民族英语教育本身就存在失衡问题，各个高校针对少数民族大学生英语师资队伍的建设起步也较晚，而且有的民族地区经济发展水平比较滞后。教育部门将教育改革重点置于配备现代化教育设备、建设校区等方面，忽视了教师的主观能动性。尽管各地高校英语教学设施已经齐全，配备了足够的现代化教学资源，但是却忽视了英语师资队伍的建设。同时，近年来，蒙古族大学生的入学数量在持续增长，要满足这类群体的英语教育要求，还需要持续努力。

第二，教师在日常活动中疲于应对各种教学任务，影响了教师的改革热情。当前，教育行政部门对高校英语教学的评价主要是集中在基础设施利用率、民族团结、学习作业批改情况、教学心得、教案等方面，这类内容占据了教师大量宝贵的时间和精力。英语教师为了学校的声誉，不得不完成很多额外的任务，疲于应对，另一方面，教师教学观念滞后。教师是英语教学的主体，也是为少数民族大学生提供英语教育的一线人才，更是各类政策的执行者和实践者。他们对于教育政策、教学模式的认识直接反映着教育的优缺点，教师的工作心态、职业认同感等都会对教学质量产生影响。在高校的部分英语教师中，有的教师观念滞后，有的教师认为工作前景不佳。尽管有此类观念的教师是极少一部分，不能代表整个英语教师队伍，但如果这类教师的态度和情绪未能得到及时调整，就会影响队伍中的其他人。

第三，评价机制不够合理。科学的评价方式能够促进教师的专业化发展，挖掘教师的工作潜能。针对教师的评价有教师绩效评价、教师效能评价与教师胜任力评价三个方面。目前，尽管各个高校针对英语教师采用的评价机制各不相同，但是都存在着各种问题，比如评价机制直接与教师的晋升、评优和收入水平挂钩，这种安排具有一定的合理性，但是大多数高校在执行评价时，没有考虑到蒙古族大学生学习英语的特殊性，评价方法、评价指标不够科学，关于"评什么""如何评""谁来评"，也缺乏完善的规定，还有的高校评价指标设定不够合理。

第四，教师资格认证和聘任制度不完善。通过资格认证方可成为教师，目前，各高校已经建立了普适性的教师资格认证制度，但高校英语教师除了对教师的专业能力、语言水平有要求外，其他并没有特殊的严格规定。针对蒙古族大学生提供英语教学的教师队伍，应当有更为严格的文化和语言要求，比如教师应在语言上满足双语教学要求，并了解蒙古族的风俗习惯。

第五，专业性培养起步较晚。对于从事少数民族英语教学的教师与普通英语教师要求不同，在教学能力、语言能力、职业道德上，都有一些特殊的要求。当前各地关于英语教师队伍的培养机制还不够科学，也缺乏针对少数民族大学生的师资队伍，培养模式与少数民族的英语教育发展不同步。

第六，职后培训机制不健全。职后培训机制是提高教师教学能力的有效方式。如今，各高校针对英语师资队伍的培训都投入了大量人力、政策和财政支持，但是成果却不够理想，培训内容缺乏针对性，与少数民族大学生英语教学的联系不够紧密。现有的培训形式是以面授式讲课、讲座等形式为主，方法单一、形式单调，很难调动教师的参与积极性。

三、教育设施

借助现代化的教学设施可以打破英语教学的时空限制，让学生能够选择适合的学习模式，现代化教学设施还需要配套对应的英语教材，从高校英语教学设施的建设情况来看，还存在几个问题：

（一）资源质量参差不齐

现代化教学设施需要借助于数字化学习资源，而目前大学英语数字化学习资源的建设质量参差不齐、资源杂乱，未针对内容进行统一安排和调整。有的资源建设只是教学活动的简单堆砌，课程教学和资源信息不同步，没有与英语课程相对应，导致学习起来缺乏层次。很多资源的建设没有充分考虑到少数民族大学生的英语学习需求，学习资源的检索也不方便，导致学生不能迅速、快捷地获取到相关信息。

（二）未做到以学生为中心

目前，一些高校通过"数字化""智慧化"校园建设，采购了大量信息化技术设备，但是存在一定的盲目性。要提高英语教学质量，设备的建设必须要做到以学生为中心，倡导学生的自主学习与协作学习，但现有的设施建设缺乏引导性，未能让学生沉浸在良好的英语学习氛围中，教学设备也是对内容的简单辅助，学生在课后对教学设施的利用率并不高。另外，学校在建设教育设施时更多的是关注于电脑终端，忽视了智能手机等移动终端的建设。移动终端才是当前少数民族大学生使用最多的学习工具，由于移动终端的教学不完善，致使学习资源使用的广泛性受到影响，并且尽管有的出版社开发了与教材配套的应用软件，但是多是教材的翻版，互动性差，对学生的帮助并不多。

四、家庭环境

学校、家庭、社会均会对学生的英语学习有重要影响。家庭是一个微型社会，与学校教育能够形成良好的互补，并且家庭教育也突破了传统的学校常规教育，贴近学生的实际生活。英语是一种语言，习得会受到外部因素的影响。要提高蒙古族大学生的英语学习质量，家庭的正确指导和鼓励也必不可少，这将会对学生后续一个阶段的英语学习产生重要影响。在家庭教育的实施过程中，还需要家长教育背景、家庭物质环境、家长职业等个人因素的配合，然而从蒙古族大学生的家庭环境来看，并未充分发挥出家庭教育的作用，具体表现为：

（一）家长没有发挥足够积极作用

家长的言行举止会对整个家庭成员的心理需求产生影响。家长是蒙古族大学生学习英语的引导者和支持者，他们的情感、受教育程度、行为等对于学生的英语学习会产生显著影响，但大多数父母并没有参与到蒙古族大学生的英语学习中。家长的陪伴较少，从开始学习英语时，部分蒙古族大学生家长不够关心孩子的英语学习情况，在陪伴子女的英语学习上也不会花费大量的精力和时间。另外，一些父母将教育责任推到学校身上，没有认识到自身应当承担的责任，认为孩子在校学习英语，那么指导孩子的学习就是教师的任务，家长认为自己不懂英语，就无法承担起教育孩子的职责。实际上，即便是父母不懂英语，也可以从行动上进行改变，如多与子女沟通，陪伴子女一起学习，创造一个良好的英语学习环境等。通过这些举措能够逐步提高子女的英语学习兴趣，而当前一些家长在这一方面的参与不够。

（二）家长的观念存在一定偏差

学生的英语学习活动与父母的关注也有着密切关系。有的学生父母对英语学习并不重视，甚至对英语学习存在误解。有的家长认为，反正后续子女毕业之后不需要用英语交流，学习英语只是为了升学考试，所以对子女的英语学习并不重视。另外，父母本身对英语的兴趣也不强，对于孩子的英语学习更是不参与、不关心，这种消极态度会影响蒙古族大学生。渐渐地，他们也会认为英语学习微不足道，甚至放弃英语。

（三）家长没有营造更好的英语学习环境

家庭是孩子接触较久的地方，父母应当为其营造良好的学习环境、优化居住条件，父母与家人的融洽气氛对子女的学习活动也具有一定的促进作用。但是从现实蒙古族大学生的情况来看，部分父母忽视了家庭环境的影响，没有给子女营造家庭英语学习氛围。

1. 不够重视环境对兴趣的影响

对待学习环境，国内外学者早就进行了深入研究。环境对人的影响是不容小觑的，落实到英语学习中，良好的学习氛围也会对个体的英语学习兴趣和学习质量产生巨大影响。在实际生活中，部分大学生父母都没有认识到家庭环境对孩子英语学习的影响，往往只是为子女讲述学习的重要性，告诫他们要努力、不要掉队，但是孩子在家中学习时，父母常常做一些与学习无关的活动，自己也很少进行学习，家长的这种无意识言行举止也会对孩子产生负面影响。

2. 没有创造足够的英语学习环境

家庭学习环境对子女的影响也极为深远，良好的家庭文化环境可以在无声中滋养子女的精神世界，培育其情感、意志和道德情操。部分蒙古族家庭的学习氛围比较淡薄，家长未掌握英语学习资源，在生活质量提升后，家庭收入水平也在持续增加，物质生活得到显著改善，但大多数父母都忽视了精神生活质量，在家中很少能够找到与英语学习相关的书籍，整体的英语学习氛围淡薄。

（四）家庭教育方式的选择不够恰当

家庭教育方法十分重要。要有科学的理论，也要有正确的实施方式。良好的家庭教育应当具有正确的导向，做到因材施教、启发诱导，而当前部分蒙古族家庭中，家长未能选择科学的家庭教育方式。

1. 不够重视孩子的发展规律

不少蒙古族大学生家长习惯站在成年人的角度，用自己的想法和观点去规划子女的未来发展方向，有时一些家长会不考虑孩子的具体特点，强制要求其满足家长需求。比如，在中学阶段，当孩子做完作业之后，一些父母会为其添加课外作业，这无疑忽视了子女的发展规律和学习能力，使他们身心俱疲。尤其是在英语学习上，如果布置过多的作业，容易导致他们出现厌学心理。还有的家长要求孩子按照父母的规划一步步前进，比如，要求孩子在大学期间必须要考公考编，没有针对孩子的优势扬长避短。

2. 缺乏与子女的充分沟通

随着孩子年龄的增长，有的父母在沟通上的难度越来越高，特别是进入大学之后，蒙古族大学生有了自己的想法，自我意识变得越来越强，并且他们脱离了父母管教，如果父母忽视了与子女的沟通，那么很可能导致孩子染上网瘾等不良习惯。因此，即便大学生在外求学，父母也要主动通过电话、微信沟通，了解子女的真实所思、所想，成为一名亦师亦友的家长。从学生的反馈来看，部分家长忽视了与子女的沟通，导致亲子关系不佳，也没有真正发挥出父母在英语学习上的指导、鼓励作用。

（五）家长教育思想的相对落后

纵观孩子的成长历程，最基本的部分是家庭教育，占据主要位置的是学校教育，处于辅助地位是社会教育，这三部分教育相互协作。只有这样，子女得到的教育才是完整的。但在部分蒙古族家庭中，很多家长与学校教师持有不同的教育观念，家校之间未能做到协作培养，甚至有的家长持有与学校相悖的教育观念。

1. 部分家长未能充分重视英语学习

子女的考试成绩是一些蒙古族家长的重中之重，英语成绩也只用来判断子女的学习成果，这种不客观的思想与学校教育理念相违背。英语教学兼顾工具化和人文化特征，要注重激发学生的英语学习兴趣。如果父母面对英语教学更多的是出于功利性考量，这不仅会给孩子带来压力，还会导致他们对英语丧失兴趣。

2. 部分家长与学校的配合不充分

学校成为良好的平台，促进学生个体发展，学生通过学习能够获取新知识、获得新技能。通过学习和娱乐，学生不但能够实现人格完善，交际能力也在不断提升，而家庭是孩子的第一个学习场所，他们在家庭中的生活时间较久，理想的英语学习活动应当是家校之间的配合。从蒙古族大学生的学习经历来看，很多家长都没有与学校开展家校合作，在中学阶段，学校的英语教育就是单独进行的，父母将英语教育交给学校和老师，认为孩子上了大学，教育工作就与父母没有什么联系❶。另外，有的家长会按照自己的思维和方法培养孩子，没有积极配合学校教育，导致家庭教育和学校教育相脱节。

五、学生自身

（一）英语学习基础相对薄弱

从英语学科特点来看，如果学生不具备扎实的英语基础，到了大学阶段再想要提升难度就非常高。蒙古族大学生接触英语的时间普遍较短，基础相对薄弱。有的蒙古族小学是采用母语授课方式，学生是从初中阶段才开始学习汉语和英语，学习汉语的难度就较大，英语难度则更大。随着政策的变化，有的学生从小学开始就是汉语授课，有的学生从小学开始学习英语，但不管是哪个阶段，他们面临的语言学习压力都较大。之所以蒙古族大学生的英语成绩不佳，是因为基础没有打好。在中学阶段，英语教师的能力参差不齐，再加上采用的教学方法不当，没有充分调动起学生兴趣，随着后续英语学习难度的增加，学生的学习活动就会变得雪上加霜，形成一种恶性循环。

（二）学习方法和习惯有待改善

在英语学习活动中，良好的方法能够充分挖掘学生潜力，反之，则会严重影响学习成果。不少蒙古族大学生的学习方法和习惯不好，在长期的英语学习中并没有找到适合自己的方法，导致在学习活动中一直在走弯路，就会让学生认为英语学习很困难，不知道如何着手。方法和习惯不当非常难以扭转，在大学英语课堂中常常看到这样一群学生，他们认真听讲、学习努力，也能够按时完成作业，但是由于方法不当，成绩一直提不上去。

（三）学习兴趣亟待增强

---

❶ 红鸽，LUIZ AMARAL，郝燕：《蒙古族大学生英语课堂媒介语言教学绩效研究——以鄂尔多斯地区高校为例》，《内蒙古师范大学学报》（教育科学版）2017年第30期。

兴趣是针对某种对象活动的内在倾向。蒙古族大学生对英语学习普遍热情不高，缺乏兴趣。一些学生反馈，在听不懂教师讲的内容时，对英语学习就更加提不起兴趣，而背单词、学语法本身也比较枯燥，长期以来，蒙古族大学生在英语学习中受挫，也渐渐打击学生的学习兴趣，多数情况下，他们只是为了通过应试而被动学习。

（四）三语习得的因素

蒙古族教育表现出了不平衡的发展特点，各个地区实施双语教育的模式也各不相同，这就导致蒙古族大学生的语言习得过程形式较多。有的从初中开始学习汉语和英语，有的从小就开始学习英语，有的地区汉族人口较多，学生从小会与汉族居民接触，日常生活中会使用汉语交流，而有的学生更多的是使用母语交流，很多原因的叠加导致英语学习起来比较复杂。另外，英语、汉语、蒙古族语言是不同的语系，英语是印欧语系，汉语是汉藏语系，蒙古族语言则是阿尔泰语系。各种语言的语法、音标、文字、书写文化背景各有差别，这就增加了蒙古族大学生学习英语的难度。学生的母语和汉语会对英语学习产生正迁移，但更多的是负迁移，三种语言相互交织增加了英语的学习难度，因此，三语习得是影响蒙古族大学生英语学习困难的重要因素。

第四章 促进教师专业化发展，助力少数民族大学生英语教育

在教育中，教师是教育质量的关键因素。促进教师的专业化发展能够提高教师的综合能力，使教师对蒙古族大学生提供精准的指导。因此，要提高英语教学质量，必须要尽快促进英语教师的专业化发展。

一、相关概念介绍

（一）教师专业化

教师专业化一词最早出现在 1995 年。当时，学界针对教师专业化问题开设了一系列研讨会，之后，对于教师专业化的研究也日益深入。1994 年，我国颁布了首部《教师法》，对教师作出了明确界定，即"履行教育教学职责的专业人员"。此后，相关的教师资格制度又陆续出台。2000 年，我国开始全面实施教师资格制度。2001 年 4 月 1 日，教师资格认定工作在全国开始，此后逐步进入实操阶段。

要推动教师专业化的发展，需要为其提供专门的训练和培训，使教师能够获得对应的专业化知识和技能，逐步在实践中从新手型教师成长为成熟教师[1]。教师的专业化发展也涵盖教师从准专业职业转向专业性职业的过程。在此过程中，教师需要获取到必备的知识，在实践中持续产生作用，最终成为综合素质过硬的教育工作者。

（二）教师专业化发展

所谓教师专业化发展，指在从业生涯中教师接受新知识，促进理论水平和实践水平提高，持续完善自身专业知识的整体结构、提高思想认识水平、促进能力发展的过程。在这一过程中，教师从一位教学新人转化为专业人员，教师进行自主探究、开展终身学

---

[1] 张琨：《新文科背景下中学英语教师专业化发展研究》，《英语广场》2023 年第 22 期。

习、实现不断成长。在专业化发展进程中，教师持续扩展其专业内涵，提高其教学水平，最终目的是不断提高能力，成为专家型教师。关于国家教师标准，美国专业教学标准委员会做出规定，以下五个层面属于教师的专业化发展目标：一是负责学生及学生的学习；二是熟练掌握其所教的科目，能够有效将该学科知识教给学生；三是进行管理、组织课堂；四是能够开展反思；五是具备终身学习能力。总之，教师要实现专业化发展，需要掌握必备的专业知识，了解并能够运用教育学相关理论，掌握并运用一定的能力进行教学实践，并能够总结经验开展学习、反思，不断提升专业化内涵。

（三）英语教师专业化发展

关于英语教师的专业化发展，包括三个内涵：一是专业化技能，涵盖教学技能、语言技能和评价技能；二是专业化知识结构，教师需要掌握扎实的学科知识、教学理论与实践，学科知识包括语音、语用、语法、词汇；三是有良好的专业素养。包括创新意识、信息技术、心理素质、职业道德❶。英语是一门特殊的学科，英语教师要在专业化发展上取得成效，其衡量标准包括具有一定的国际意识、拥有国际视野，培养跨文化交际能力，把国际化内容和学科教学相融合，能够通过教学对学生的跨文化交际能力进行培育。

二、促进英语教师专业化的背景

（一）历史背景

关于教师的发展历程，包括经验化发展、随意化发展、半专业化发展以及专业化发展几个进程。18世纪中后期，各种新型教学方法和教育理念出现，使得教师这一行业与其他行业有了显著差别，也有了自身的独有特征。此后，欧美国家促进了教师教育的制度化发展。20世纪60年代，受教育人口持续增加，教师数量也在不断增加，但是与之矛盾的是，教师群体的质量却并没有得到应有提升，整个队伍的质量参差不齐，人们的关注重点一直是提高教育质量。1966年，联合国教科文组织明确提出："教育是一门专门的职业。"自此之后，学界展开了对教师专业化的研究。步入21世纪之后，网络时代拉开了序幕，在全国乃至世界范围内都成立了专业协会，使得教师的专业化发展得到了进一步深化，代表性的如"教职工与教育发展联合会""国际教育发展联盟""高等教育专业与组织发展协会"等，为教育改革提供了精准依据，从研究、教学、教师的个人发展等方面为教师的专业化发展提供了指导和培训。

最早在20世纪末期，教师的专业化引入我国，这对于我国整个教师队伍的专业化发展起到了推动作用。尤其是在素质教育的改革下，国家开展了一系列的教育培训，显著

---

❶ 张婷婷：《反思性教学与英语教师专业化发展》，《辽宁工学院学报》（社会科学版）2008年第10期。

提高了教师的专业能力和教学水平。1994年，我国开始实施《中华人民共和国教师法》，针对教师的专业地位予以了明确界定。1995年，《教师资格条例》颁布。2001年，全面推行教师资格认证。从我国教师专业化的发展进程来看，其时间还不长，但是促进教师的专业化发展也成为"人才强国战略"的重要组成，取得了初步成果。

（二）现实背景

高等教育的目的是根据国家发展需求培育优质的复合型人才，这就决定英语教师需要了解市场对于人才的客观要求，将其内化到英语教学活动，这从客观上要求英语教师的专业化发展。当前，具备良好的英语交际能力是很多单位和大型企业招聘人才的必要标准，但企业对人才的需求也会根据时代变迁不断发展，因此，英语教师的专业化发展会直接关乎高校的育人质量，也会影响少数民族大学生的英语学习能力。从现实角度来看，促进英语教师的专业化发展背景具有四个意义：

第一，是促进教师自身可持续发展的客观需要。面对如今科技发展水平的日新月异以及产业的持续升级和更新，终身教育成为教育改革的必然趋势。在不同发展阶段，教师会表现出截然不同的专业需求、训练心态以及专业水平。比如，在英语教师刚刚入职时，会进入一个适应期。随着职业逐步定型，会产生职业倦怠感，此时，就需要予以科学指导。因此，在英语教师的职前、入职和在职的几个阶段，都要采用专业的指导方式促进教师专业化发展，使得英语教师能够成为发展型教师，这不仅需要发挥出教师自身的内驱力，也需要社会外部环境的保障和支持。

第二，是提高高等教育质量的客观要求。在高校教育中，其关键因素是教师。如果教师的能力参差不齐，那么必然会影响高校英语教育的质量，尤其是蒙古族大学生，其在英语学习中面临的问题更多，比如学习兴趣差、自信心缺乏、就业预期值偏高等，这就要求建立一批综合素质过硬的英语教师团队。促进教师的专业化发展能够提高这个团队的综合能力，使教师对蒙古族大学生精准指导，指导内容不仅涉及知识教学、语言传授，还有其他更为丰富的内容。因此，要提高高等教育质量，必须要尽快促进英语教师的专业化发展。

第三，促进教师专业发展，能够助力建设高水平高校。提高教育质量，需要提高高校教师队伍的整体水平，高水平教师队伍对推动高水平的英语教育至关重要。当前，我国正在大力发展高质量、内涵式的高等教育，由此来看，需要改革目前高校的办学模式，努力顺应时代的要求。要完成建设高水平、高质量的高校这项重要任务，就要建设高水平的教师队伍。教师队伍构成高校的基础资源的重要方面，和各项学校组织的教育活动密切相关，在维持学校正常运行中起到最基本的作用，基于此，在英语教学改革方面也要根据高校的要求来推动教师队伍建设，在英语教学方面支持高水平学校的建设和发展。

第四，促进教师专业发展，能够推动高水平专业群的建设。目前，现代产业链体系已经在我国初步构建并得到完善，产业发展的集群效应初步显现，从一定程度上有利于建设高水平的专业群。但是，真正高水平的专业群建设与优质的教师队伍密切相关，没有优秀的高水平教师队伍，就不能开展专业群的建设。要开展高水平专业群的建设，需要依托区域经济，利用产业资源优势，构建更高效的专业群体，使其具有明显的专业优势，为高水平高校建设发挥作用。这个建设过程不是短期内能够完成的，教师队伍需要在很长的时期内不断开展研究，完善和提高，补充优质资源。

三、英语教师专业化的现状

（一）英语教师专业化的标准

1. 掌握正确的英语教学观念

具备先进的英语教学观念是英语教师需要具备的重要思维，具体包括：一是现代化的英语教学观念。英语教育具有一定的战略性特征，教育发展能够助推和经济发展，反过来，良好的经济条件又有利于英语教育的发展，在人力、物力和财力上支持教育发展，英语教育则能够为经济发展提供优质的复合型人才，两者之间密不可分。在现代化社会中，开发智力资源、增加教育投资成为很多国家的主要政策，作为英语教师，也需要主动借助这一契机，积极配合国家的政策、路线和方针，为社会培育优质人才；二是应当树立终身教育理念[1]。只有树立终身教育理念，才能够适应时代的发展变迁，使自身掌握新技术、新理念和新技能。落实到英语教师层面来看，终身教育能够激活英语教师的潜能，包括英语教师的认知发展、情感发展、技能发展，因此，英语教师需要具备终身学习理念，主动更新知识库，为学生传递前沿知识，探索适合蒙古族大学生的英语课堂；三是需要按照社会对于公民的素质要求来培养人。在社会发展的不同阶段，对于人才的定义也各有差别。如今，社会需要的并不是高分低能的"考试机器"，而是具备竞争意识、合作能力、全球意识、时间意识、价值观念的优质人才。大学英语教师要充分认识到时代发展对人才的需求，主动调整教学理念，成为一名人才缔造者；四是教育需要做到多样、开放、民主，英语教育也要遵循这一原则。只有凸显出"以人为本"的原则，才能够真正实现教育公平，克服传统教育的死板化、模式化和形式主义，使教育能够走向国际。

2. 用先进的教学思想提升自己

教学思想受到教学理念的影响。从现代英语教学角度来看，教学思想应当具有四个

---

❶ 左平：《加强农村中学英语教师专业化发展的对策》，《基础教育研究》2019年第13期。

特征：一是既要为学生传授语言知识，也要促进学生的发展。所谓教学，一方面要传授知识、解答学生的难题，另一方面还要培养学生坚强的意志、塑造学生良好的性格和情感。高效现代的英语教学取决于高效的教学思想，要努力适应社会的总体发展；二是要改进师生关系，师生之间要讲求和谐民主、平等合作。现代教学理念和传统的教学理念有所不同。要由以前的尊师重道变成同时尊重每个学生的人格，由以前的教师为主转化成将学生与教师置于完全平等的地位，充分考虑学生的主观能动性，以学生为中心开展教学。在现代化的英语教育思想的指导下，才能促进师生之间教与学相互促进，师生之间交流合作学习，改变以前以教师为中心的教学模式；三是开展协调统一而又灵活多样的教学模式。实行现代化英语教学思想，就要同时考虑统一性和多样性。近几年的教学改革结果表明，教学组织要从多元角度进行，以丰富多样的方式设置英语课程。小班化教学，根据学生的英语水平，灵活有效地搭配，开展英语教学，为各个层级学生英语学习能力的提升提供了良好条件；四是采用适合的教学方法。在英语教学活动中，需要帮助学生搭建良好的知识框架，这要求教师要灵活采用各种教学方法做到因材施教，应用自主学习、合作式教学、程序教学等。总之，需要关注学生的最近发展，每堂课都要张弛有度，以取得最佳的学习效果。

现代化的教育思想会影响教师的主观行为，为教师的教学改革提供方向和轨迹支持，规范教师的教学活动，因此，要胜任蒙古族大学生的英语教学要求，英语教师必须要以正确的教育思想理念为指导，才能推进少数民族大学生的全面发展，有效培育高素质人才。

3. 以英语教学原则为指导开展教学

教师的专业化发展能够使教师更加高效地组织英语教学。开展成功的英语教学，需要传统的教学规则指导，还需要英语教师熟练运用科学高效的教学技巧来促进教学。开展教学活动，首先要遵循普适性的英语教学理论，要参照英语不同的教学目标，根据不同的教学实践经验和教学规律来进行。总结当前研究成果，英语教师在组织教学活动时要遵循以下一般原则：

（1）全面发展原则

根据全面发展原则，教师应该根据全体学生的具体情况开展英语教学活动，促进学生的知识的学习积累，同时有益于学生的品德培养，推动学生的全面发展；把学生能力的提升和学生的身心健康发展放在同等重要的位置上，做到因材施教。在贯彻这一原则时，英语教师需要考虑到知识、技能、方法、思想的传授，还要在潜移默化中培育学生品德，对学生开展品德教育。另外，英语教学应当落实到理论和实践中，教师需为学生创造条件，使之能够参加英语社会实践活动，从而促进学生语言表达能力的发展。

（2）批判性原则

打造开放性英语课堂，使课堂具有探索精神，鼓励学生的怀疑精神。在课堂教学活动中，要着眼于观点的相对完善。要通过英语教学促进蒙古族大学生的综合发展，培养学生的批判能力和创新能力，使他们具有探索精神和怀疑精神。通过给学生创设教育环境，让学生暴露在实际问题下，让他们完成一些实际任务，可以鼓励学生的批判精神，培养他们解决实际问题的能力。通过这些问题和任务能够助推学生掌握各类学习技巧，激发学生的求知欲，为了解决这些问题和完成任务，学生的好奇心被激发出来，同时激发学生的学习兴趣。批判性原则还认为，学生在英语学习活动中会受到班级氛围的影响，这要求师生、学生之间与教材产生联系，由教师为学生创造批判性环境，教师要用自身较高的教育水平将学生带入充满疑问的世界。

（3）直观性原则

从大学生角度来看，直观性原则看似并不重要，但实际上这是发展学生思维、丰富学生感性认知的有效方式。在落实这一原则时，要与英语学科的特点相符，直观、生动地展现教育主题。在英语教学活动中，最为本质和主要的内容就是让学生通过有效的方式获取到感性认识。蒙古族大学生英语基础相对薄弱，因此，教师需要更多地应用直观性教学方式，利用图片、视频、模型、电影等方式为学生直观展示。在应用教学方法时，要想方设法吸引学生的注意力，使用的方法不能过于简单直白，以防止课堂教学单调乏味，造成学生对接受知识失去兴趣，影响学生的语言表达能力的培养。直观教学手段的应用要结合一定的语言讲解，才能提高教学活动的效率，达到良好的教学效果。

（4）反馈性原则

根据反馈性原则，教师在开展英语教学时要不断观察并判断学生的反馈情况，并及时根据学生的反馈来对教学活动进行适度调整，使教学具有实效性。教师可以从多种渠道获取反馈，比如课堂教学活动的开展、课后作业的完成情况、课外活动的参与情况、小测验、学科竞赛等。教师还要及时对反馈进行评价，以便更好地调控教学行为，让学生对英语学习活动产生准确的评价。教师不仅自己要遵守反馈性原则，还要带领学生一起来开展反馈调节。

（5）专业性原则

大学阶段的英语课程具有专业性的特点。尽管少数民族大学生学习的是公共英语，但其难度与高中相比也显著提高。因此，在英语教学活动中，英语教师需要结合学生的所学专业来分析、思考问题，帮助学生更好地开展英语学习。不少蒙古族大学生虽然经历了中学阶段的高强度学习，但依然缺乏逻辑思维能力和推理能力。要获取这种能力，必须要依靠自身的自主学习，因此，英语教师在授课时需要更多地考虑到学生的主体性，鼓励学生在学习时提出论点，也可设计多元化的英语作业，来帮助学生锻炼思维能力。

4. 掌握学科专业知识

英语教师的专业化还要求教师必须熟悉本学科的专业知识，除了掌握关于英语方面的专业知识外，还需要了解教育学、教育心理学以及心理学方面的知识。学习是教育领域研究的热点话题，从长期研究来看，要使教师采用的教育措施产生效果，必须要求其对学习规律进行深度分析。作为英语教师，需要抓住关键性的三个内容：

第一，不要把知识灌输给学生，学生应该以自我建构的方式去获取英语知识。从建构主义学习观的角度来看，个体主动建构知识是通过学生的学习活动完成的，学生基于自己已经获得的旧知识，通过顺应的方法和同化的方法掌握新知识，对新知的有效性和合理性进行自我分析，并将所学的新内容内化，成为自己的知识点，也就是说，英语教师通过授课所教授给学生的新知识是不可能原原本本地加入学生的知识体系，学生需要从自己的已有知识、现有经验、思维模式等对知识进行加工处理和内化。对蒙古族大学生个体情况而言，他们具有不同的背景和生长环境，其学习经历也千差万别。当然，有的学生的理解会超越教师的传授，但大多数学生对于教师传授的知识会产生异化，因此，在教学活动中，需要主动倾听学生的所思所想，帮助学生纠正理解和认识。

第二，学生可通过新的思维模式开展深度学习。在建立了新的思维模式之后，往往不会受到原有思维模式的禁锢，并且可以接受原有思维模式造成的挑战和情感创伤。很多蒙古族大学生原有的英语学习习惯并不好，导致他们的思维模式容易出现预期失败，因此，教师就需要利用独有的课堂设计来促进学生开展自我检测，留有一定的提升空间，给学生提供脚手架的功能，也就是我们常说的支架式教学。教师需要提前对复杂的英语教学任务进行细致分解，以便让学生的理解逐步深入。教师应当走进学生的内心，理解学生的思维模式，认真倾听学生的想法。

第三，帮助学生建立知识体系。真正理想的英语学习活动要引导学生自主提出问题，当然，也可以是由同学来提问。在英语学习活动中，学生的头脑里会存储大量散乱内容，如果出现疑问，学生就会在大脑知识中寻找索引，进行归纳和总结。学生产生的疑问越多，学习就越清晰有条理，因此，教师要利用问题来刺激学生整理知识，使学生对本学科产生系统化的理解。另外，还要引导学生进行专心致志的学习。在出现疑问时，学生必须要专注这个问题，才能努力修正头脑中的错误知识，实现新、旧知识的连接，而不是为了期末考试、四六级考试短暂的记忆。

学生的学习动机是大学英语教师应当关注的重点之一。对蒙古族大学生来说，其学习动机会影响他们的英语学习质量，这种动机会让学生对英语学习产生内部动力，会影响学生的英语学习进程和学习效果。动机的来源各有差异。内部动机是由个体需求而引起，包括个体的兴趣、求知欲望、好奇心等。外部动机是由外部诱因产生，比如家长的肯定、教师的赞美、理想的成绩、同学和同伴之间的竞争意识等。内部动机具有持久性和稳定性的特点，一般不会轻易消失，而外部动机在诱因消失之后，学生的动机也会慢慢减退。因此，外部动机也常常是不稳定的。实践证明，如果学生具备内部动机，他们就会对学习表现出自发性和自主性，而外部动机对待学习则是具有被动性和诱发性的特点，因此，在英语教学活动中，教师要致力于帮助蒙古族大学生将外部动机转化为内部动机，让学生能够把握主动权，并且对英语学习表现出浓厚兴趣。教师要予以及时的鼓励和赞美，大胆将英语课堂放开，给予学生改进的机会，不用分数奖惩来控制学生，让学生了解学习英语的好处。在设计作业时，不要一次性地给出作业评价，而是要予以学生持续修正和改进的机会，使学生将作业作为对英语学科进行深度探究的重要工具。

5. 具备专业教学能力

教师的专业能力有诸多内容，包括教学科研能力、课程资源开发能力、课堂教学能力、学术交流能力、管理能力等。根据英语学科的教学要求，英语教师的专业教学能力主要包括两个层面：

（1）备课能力

为了确保教学活动的完整性，可以将英语课堂根据任务划分为不同类型，包括单一课类型和综合课类型。单一课的教学目的是完成某一种单一教学任务而设置，综合课则是瞄准多种教学任务。根据所使用的教学方法，可以划分为实验课、讲授课、自主课、讨论课、练习课、复习课、作业课等，每种课堂具有不同的基本结构。备课是上好英语课的先决条件。备课时，教师需要明确课堂的类型，熟悉课堂结构、专业教材；教师需要深刻领悟教材的基本要求、体系和范围深度，根据学生的诉求掌握英语学科的基本原理和知识体系，科学地进行分章节讲授，用充实有趣的英语课堂来吸引学生。教师应该意识到，在教学这种双边活动中，教师要认知学生这一学习主体，从全面了解每一位学生的认知水平开始，详细知晓学生的知识基础、认知发展、思想特点、学习态度、个性特征等。另外，还需要选择教法，根据教学内容的特点、所学内容等科学选择教法，这样方可使课堂达到最佳效果。

作为一名优秀的英语教师，除了从上述内容方面进行备课之外，还需要思考如何为学生语言能力的成长做贡献、需要帮助学生解决什么疑问、通过什么样的做法能够让学生对语言学习产生兴趣，还要着重培育学生的推理能力，让学生享受思考的过程，还要尊重在英语学习上有困难的学生。备课时，要着重关注此类学生的学习要求。蒙古族大学生普遍在英语学习上存在困难，而教师则需要掌握他们出现学习困难的原因，是因为动机不足、策略不对，还是因为对课程缺乏兴趣，抑或是努力不够，再有针对性地发展学生的语言技能。优秀的英语教师还会对学生的学习过程充满期待，能够了解每位学生的价值。在教师的心中，每个学生都应当是独一无二的个体。备课之前，教师需要对学生有正面期待，这种期待并不是漫无目的高期待，是根植于学生现有能力，又在教师掌握中的期待，教师要做到激励、鼓励学生，帮助其提高综合能力，让学生不要因为压力而出现焦虑。

（2）语言表达能力

良好的教学技巧能够为英语课堂锦上添花。常见的英语教学技巧就是语言技巧，教师需要采用生动形象、简单易懂、具有感染力的语言来开展教学。通过良好的语言表达能力，教师能够成功激发学生的学习欲望，调动学生学习兴趣，通过生动形象的语言为学生创设学习情境，从而开发学生语言能力。具体而言：

第一，教师要有良好的口头表达能力。教师优秀的口才能够鼓励学生，使学生进行积极反馈，教师的亲和力、清晰的表达能力能够大大提高英语教师的个人魅力。教师在应用谈话艺术时，需要兼顾到每位学生的感受，让学生清晰听到教师的声音，给学生留下思考时间。好的谈话还要配合协调的肢体语言，在讲述一个趣味、生动的英语故事时，如果教师能够做到感情洋溢、绘声绘色、表情丰富，自然会产生感染力。

第二，教师的语言中要饱含温情。温情的语言是充满感情的投入，更易引发学生的共鸣，优秀的大学英语教师能够用完整清晰又充满温情的语言为学生讲述知识点，将学生带入到英语学习中。相反，冷淡的语言会让学生感觉突兀、不自然，难以与教师产生心灵上的沟通。

第三，教师要巧妙地进行解释。通过巧妙的解释，教师可以体现出自己的语言能力，表现出教师的思路清晰，从而激发学生的学习兴趣。从简单的问题出发循循善诱，激活学生原有的知识图示，补充学生原有的英语知识结构，逐步构建系统化的知识框架。

（二）英语教师专业化的现状

1. 教育学专业知识缺失

在高校之中，英语教师教育学专业知识缺失的问题普遍存在。要满足蒙古族大学生的英语教学要求，教师必须要掌握心理学、教育学等各方面的知识，并能够将所掌握的知识应用在实践中。部分教师缺乏这一方面的能力，尽管他们在英语教学上颇有建树，但是由于对其他专业知识的掌握较少，未能够根据蒙古族大学生的英语学习现状来因材施教。并且英语教学对专业性的要求更高，教师需要灵活掌握关于语言学理论方面的知识，而语言学中又涵盖语用学、应用语言学、认知语言学、社会语言学等方面，这类内容是教师开展英语科研的先决条件，如果教师对这些内容的掌握不当，那么就会大幅影响其英语教学质量。

2. 教学成效不佳

在各个高校中，大多数英语教师可以联系蒙古族大学生的情况来教授重点和难点，但是少数民族大学生本身就具有一定的特殊性，还有很多教师不了解蒙古族的风俗习惯，在确定重点和难点时无法兼顾到每一个学生的知识水平，只能考虑到大多数学生的情况。在教学方法上，还有部分教师在沿用传统的讲授式模式，未能与学生进行良性互动。另外，在进入了"互联网+"时代之后，教师要能够将英语教学活动与互联网以及其他信息化教学手段结合起来，但教师在这一方面还有待提升。

3. 科研能力较弱

大学英语教师的科研能力主要表现在发表论文、主持参与课题方面，但很多教师未曾参与过论文发表和课题研究，其科研能力还有待提升。大学英语教师本身面临着较大的教学压力，平均周学时超过了12学时。在高校之中，英语课程的重要性比不上专业课程，部分英语教师有时需要兼班主任管理或者行政工作，投入的精力有限，要完成高品质的科研活动，需要花费较长时间来收集资料、整理数据，这也是导致英语教师科研成果较少的一个重要原因。

4. 企业实践能力缺乏

企业的实践活动能够为英语教师提供丰富的学习资源。目前，很多高校要求英语教师在假期参与企业社会实践，并将其作为绩效考核的组成，但很多教师参与的实践与本学科并不相关。英语课程作为公共基础课，教师也鲜有机会参与各种学术团体培训，进修的机会有限，也不够系统。不少英语教师未认识到自己的专业化发展需求。在实践体系的成熟下，英语教师不能单一局限在为学生传授语言知识，还要传递各种实用性的英语技能，实践是提高教师这一能力的必由之路，由于客观因素的制约，英语教师参与企业实习的机会非常少，实习效率也不高，收效甚微，这也不利于少数民族大学生英语学习能力的提高。

5. 专业态度不够理想

少数民族大学生的英语学习特点表现为词汇量较少、英语基础较薄弱、学习能力参差不齐、缺乏参与意识、自信心不足等。由于现行的大学英语采用的是大班制教学模式，教师很难兼顾到每个学生，导致教学成果较差，有时教师会陷入一种尴尬境地。具体来看，在教师有互动意愿时，学生常不能积极进行配合，这就导致英语课堂沦为了教师一个人的独角戏。有时即便教师加入了一些趣味化的元素，学生还是毫无反应。还有的蒙古族大学生对待英语课简直如同听"天书"，本来基础就弱，他们认为自己反正努力了也学不会，在后续工作上也不一定用得上，干脆就放松了英语学习，使得英语课堂沦为了"放松"课。

6. 缺乏职业发展规划

职业发展规划是教师专业化发展的一项客观要求。少部分高校英语教师没有深入了解专业化发展的内涵和概念，不曾深入考虑这一问题。站在教师层面来看，他们希望通过脱产进修、在职培训等方式获得专业化发展，但是受制于高校各类因素的限制，对于英语教师的专业化发展并没有投入较多的资金，导致英语教师对于教师这一行业缺乏成就感和认同感。面对蒙古族大学生生源质量不佳、教学压力大、学生英语基础薄弱等问题，不少英语教师只能被动接受英语教学改革，不明确专业化发展方向，无法帮助自己制定出具有可行性的可持续发展规划。

四、英语教师专业化的问题

（一）专业化发展目标不清晰

1. 重学历、轻素质

学历达标是高等教育中易于衡量的一个标准，也是高校评估教师综合素质的重要标准。在各个高校关于讲师的评定标准中，就会根据"研究生学历""专业学术论文"来进行评价；针对副教授的职称评定，则会根据"课题研究成果""专业书籍教材"的出版情况来进行评估。而关于"双师型"教师的评估，更多的是局限于"双证书"。教师的教学能力和专业能力本身就难以量化，到目前为止，都还缺乏具有可操作性的制度和标准，这与国外高等教育是大相径庭的。国外在高校教师的认定上都有明确的师资培训标准、地方性要求和标准，也制定了完善的培养体系和培养制度，正是得益于这类制度的建设，使得国外的高校教师能够迅速实现专业化发展。

2. 重科研、轻教学

高校英语教师面临的两个重要任务就是科研和教学，但高校在评估英语教师的能力时，更多的还是以科研成果为主，教学常被排斥在外。教师的职称评定和晋升也大多是根据科研成果的多寡来评估，导致很多英语教师疲于发表论文、专著，缺乏时间在教学活动上进行创新。科研能够成为高校的重要宣传手段，但教学成果带来的影响却是缓慢的。英语教师本身承担的教学任务也比较繁重，很少有机会能够接触先进的教育理念，实践和理论不能同时并进，科研和教学之间相互分离。

3. 重视行政管理，忽视教师专业化发展

针对高校教师的评估，更多是从行政角度对教师的职称评定予以规定，比如教师工作量、评优结果等，没有在教师个人的专业化发展上予以较多关注。当然，这与当前的大环境有着密切关系，也导致英语教师个人不关注自身的专业化发展，盲目地追求一些硬性指标，在业余时间盲目考取专业证书，尽管花费了时间，对英语教学的帮助却并不大。

（二）准入机制不严格

英语教师的来源渠道比较单一，有的高校没有制定出规范的准入程序，英语教师大多是选自于高校英语专业毕业生，他们都获取了教师资格证，但是有的高校没有为英语教师提供完善的职前培训，教师的聘任机制不够完善，这也不利于英语教师的专业化发展。在国外发达国家，针对高校英语教师的聘用和管理都有明确的法律规定，除了有专职教师，还有一定数量的兼职教师，得益于完善的法律制度，国外高校也可以聘请到优质的兼职教师，并且目前高校使用的英语教材是国家统一规划的教材，更新速度较慢，还是停留在培育学生的语言基本功上，并不符合蒙古族大学生的实际情况，英语本身就是一门应用型课程，除了要锻炼学生的语言交际能力外，还要重点锻炼学生的实际应用能力，但由于学科知识之间的不同，跨学科研究和学科之间沟通的难度，英语教师在一定程度上无法满足行业英语的教育需求，未能与学生的专业结合起来。

另外，高校英语教师基本都是师范专业的科班出身，也学习过心理学、教育学相关的内容，但是并没有系统化学习少数民族大学生的教育内容，对于蒙古族学生的英语教学目标不够明确。要胜任蒙古族大学生英语教学，要求教师具备广博的知识、深厚的语言功底以及熟练的语言技能，还要具有完善的知识结构，这也需要教师自身通过努力来达成，一直以来，我国高校的专业、学科之间有着明显的壁垒，对英语教师而言，要学会其他的专业，具有一定的难度。综合来看，英语教师们即使掌握了全面的语言学知识，在学习期间也接触过教育学、心理学方面的知识，但是对少数民族大学生的英语学习基础、学习特点等不够了解，缺乏行业方面的知识，无法胜任少数民族大学生的相关英语教学。

（三）培养模式不合理

1.培养目标雷同

为了促进高校英语教师的专业化发展，需要制定科学的教师培养目标。针对少数民族大学生的英语学习需求，对于英语师资的培养目标应当制定为：可以传授语言知识、文化技能，又精通行业英语的复合型教师。目前，高校英语教师在进入工作岗位之前大多数未经过此类专门培训，因此，也必然导致其在科研和教学上无法均衡发展。教师在求学阶段接触的知识主要是英语语言学知识，内容偏向于学术性，忽视了应用性和实践性的内容，这是不合理的。

2.培育模式不科学

英语教师队伍的培养涉及教育学、心理学等方面的知识，而高校招聘的英语教师一般是在学校毕业之后就直接上岗，他们对工作环境和性质了解并不多，职业适应期较长，面对少数民族大学生，也会有一定的心理压力。在这方面可以参照德国的培训体系。在德国，第一阶段会提供师范教育，时间集中为9~10个学期，学习结束后参加考试并通过之后即可进入第二阶段；第二阶段为期4个学期，既要学习关于教育学方面的知识，还要去学校见习、完成论文撰写，只有经历过两个阶段的考核，才能够成为英语教师。

3. 职后培训机会需要精准化

教师培训属于终身事业，英语学科的知识更新速度也较快，因此，对于高校英语教师的培训也是一项不能间断的工作。只有做到如此，方可保证英语教师的竞争力和先进性，而目前高校英语教师培训、进修的机会虽然很多，但在培训内容方面，教师也缺乏选择性，需要增加更多个性化、针对性的培训内容，统一的培训模式降低了教师参与培训的积极性。

4. 缺乏足够的外部激励措施

如今，国家倡导大力发展高校英语教育，但是长期以来，高校将多数资金还是投入到专业教学上，在英语教学改革方面的资金拨款并不多，并且评价机制也不完善。现有的评价机制更多的是可控性因素，评价主体比较单一，主要是由学校进行评价。尽管也会组织学生评价，但是还存在流于形式的问题。除此之外，还没有形成良好的教学共同体。对于英语教师自身而言，他们的知识体系和知识结构无法胜任少数民族大学生英语教学的要求，这就需要实现跨行业的教师合作和交流，构建教学共同体，这些措施在多数高校中都没有进行实施。

五、促进英语教师专业化发展的途径

（一）加强英语教师的素质建设

要胜任蒙古族大学生的英语教学要求，对于教师的各项能力提出了更高要求。只有向专业型方向发展，方可满足少数民族大学生的学习需求。如今，社会培育的人才更加偏向于复合型，人才不仅要掌握扎实的专业知识，还要具备多种能力和发展潜能，也就是"一专多能"。要使得蒙古族大学生成为这类型的人才，就要求英语教师能够打破学科壁垒，具备跨专业的知识和技能，主动关注市场对人才的需求，拓展发展空间。成为"复合型"教师，具体需要具备如下五个素质：

1. 多元的知识结构、过硬的教学能力

在为蒙古族大学生提供英语教学时，要求高校英语教师可以针对学生的实际特点与人才培养目标来细化英语课程目标，明确具体的教学内容、培养目标，积极改革教法，促进专业教育和英语教育的深度结合，以学生为中心，从课程改革、专业建设、实践教学、终身学习等相关方面来开展教学研究，提高科学研究水平和教学能力。这要求英语教师除了具备专业教学能力、行业知识、职业教育学知识外，还要具备扎实的人文科学

知识，能够从"知识传播者"转变为"智能开发者"，从"知识生产者"成为"知识创新者"。

2. 具备过硬的信息素养

进入了"互联网＋时代"后，泛在化的学习环境对于教师的教育、学生的学习都提供了新的支持，作为英语教师，可以利用微课、慕课、在线培训等网络资源来实现知识的建构与能力提升。同时，英语教师还需要积极将各类信息化教学手段应用在英语教学课堂中，如网络互动平台、翻转课堂等，通过这种方式能够构建学习共同体，让蒙古族大学生有高质量的学习体验。

3. 经常开展教学反思

经常开展教学反思，能够帮助教师不断地在教学活动中总结经验。要提高教学质量，反思是必不可少的环节，这要求教师详细记录教学日志，撰写教学反思，定期开展教学科研活动，参与评教、教学观摩等。整个反思过程需要以教学体验作为根本出发点，如此，方可产生新的研究思路。

4. 构建教学共同体

基于学习型组织理论，英语教师要更好地胜任对少数民族大学生的英语教学，还需要建立教师共同体，由共同体成员共同来研究问题，针对蒙古族大学生提供对应的教学支持，这种方式可以取长补短、集思广益，能够帮助英语教师有效解决教学中遇到的实际问题。教学共同体的针对性强、效率高，在共同体的帮扶下，还可以针对蒙古族大学生编写英语校本教材，根据学生的特点采用对应的模块化教学模式。

5. 树立中心化学习理念

在知识经济时代下，每个学科教师都要树立终身化学习理念。为了满足蒙古族大学生的学习诉求，英语教师群体应该首先注重终身学习，以科学精神开展教学和科学研究。在教学时以学生为中心，不断优化教学手段，改进教学方法，将教学各个环节有机衔接起来，推行理实一体化教学。同时，教师需要具备良好的师德，这是教师这项职业的灵魂所在。总之，教师需要持续提高道德素养，争取获得社会的尊重和认可；教师还要对教育事业保持热忱，对学生予以足够的关爱和理解，用高度的敬业精神和工作热情来提高专业素养。

（二）健全资格准入制度

建设高校英语教师队伍，有美国、德国等发达国家的经验可以借鉴参考，致力于健全教师准入制度，完善与教师相关的资格认定标准和职称评审标准，使这些标准对教师发展提供方向。如在德国高校，作为专职教师需要有学历资格和3~5年的实践教学经验。对于没有经过专业师范院校培训的教师，则要求具有8年以上相关从业经验。可以参照

"双师"素质标准来改革改善教师准入制度，促进准入资格的完善。具体需严格根据《教育法》《职业教育法》《教师资格条例》规定来制定认证标准，对于在专业领域有突出成就或者实践能力较强的教师，可适当拓宽认定标准。对于不同级别的初级、中级和高级教师，要求其具备该级别级及以上专业技术职务。

（三）优化现有的培训体系

要促进英语教师的专业化发展，在其求学期间就要予以重点关注。从世界名牌大学的实践来看，教学能力已经受到了很大关注。美国各个高校对教师的职前教育都颇有心得，而我国在这一方面还处于起步阶段，需要积极借鉴西方发达国家的职前教育形式和途径。

1. 增加教育教学课程

学习教育理论的目的就是更好地指引实践。作为未来的大学教师，要求其在学习期间就需要掌握科学的教育理念，这样才能够根据蒙古族大学生的身心发展规律来开展英语教育。这要求在师范教育阶段就要修读教育教学课程，这具有几个重要意义：首先，能够帮助准教师认清英语教育现象。修读内容涵盖教育研究方法学、教育心理学、教育管理学、教育哲学、教育史、教学论等，使准英语教师熟悉这类理论知识，让他们认识到教育教学的现象、功能和本质，避免在后续英语教学中出现各类常识性错误。其次，解释教育学的问题。英语教育是一项非常复杂的社会活动，少数民族大学生与汉族学生不同，他们在英语学习上也会表现出截然不同的特征。在走上工作岗位之后，教师会面对不同智力、兴趣爱好、性格、知识基础的学生。他们来自不同的家庭环境，也处于不断变化的过程中，学习教育教学课程可以帮助准教师灵活解决各类问题。再次，指导教学实践。教学理论能够为教学实践提供重要的指导，并且能够帮助教师在实践中进一步升华对理论的理解。如果失去了理论指导，那么英语教学实践的创新将会是极其有限的。最后，可以预测英语教育的发展未来。教育教学理论是一项高度抽象的产物，具有普遍性的特点，能够预测英语教育改革的具体方向。掌握了此类理论的英语教师在活动中能够更具超前意识，提前预测到教学活动中可能出现的各种现象。

2. 健全激励制度

一方面，构建动态化的调整机制。根据每一所学校的具体财政收支情况，在一定程度上提升薪酬激励标准。可以根据教师的实际需求划拨教师分项发展资金。另一方面，根据业水平或教师的证书获取情况，对于通过认证的教师实施分层激励制度。可以参照多个标准，本着促进教师成长的目的完善奖励激励制度。鼓励教师参与专业培训和顶岗培训，为教师报销相关费用，并根据培训天数来给予补助，解决教师的后顾之忧。

3. 进行职前与职后培训衔接

高校需构建分级分类培训体系，规范管理教师培训的组织形式和培训内容进行规范管理。通过入职培训，让教师获得教学具备的知识和技能，为进入教师岗位工作做好准备。通过职后培训，促进教师的专业化发展。选派有经验的教师对于新入职的青年教师进行一对一指导，使新进教师尽快适应新的工作岗位。

4. 创新培训活动

高校需建立和完善教师顶岗管理办法，鼓励对口实践常态化、制度化，根据英语教学改革的实际情况邀请行业专家开展讲座或者利用业余时间开办集中研修班，把校本培训和行业培训有机结合。针对外语学科的特点，选派优质教师参与研修访学。

（四）推进科研体制的改革

为了促进英语教育的专业化发展，还需推进科研体制的改革，引导教师加快科研成果的转化，提升教学科研能力。要为教师提供科研经费，鼓励教师进行科学研究。健全科研资金的管理，提升资金利用率。就外语学科而言，要鼓励英语教师参与科研成果转化，参与学术研修和学术讲座，探索"互联网＋"科研组织形式下的跨学校、跨区域学术科研合作。

（五）鼓励教师的自主发展

教师作为教师专业化发展的主体，要以人为本，既强调教师的义务和责任，又重视教师的主观能动性。既对教师从业进行严格管理，又要尊重教师，关怀教师的成长。在教学管理中要发挥教师的主体作用，通过教职工代表大会等制度鼓励教师参与学校管理的完善。通过为教师提供更加完善的服务为教师提供良好的工作环境，激发出教师的工作动力

总之，针对少数民族大学生这一群体开展英语教育，要结合英语教师的专业发展一起进行，才能从施教的角度为学生提供良好的师资。同时，教师的专业发展更能从根本上推动教师的发展和提升，更全面地为学生的成长提供有利条件。

第五章　立足少数民族大学生学情，创新大学英语教学模式

创新大学英语教学模式是提升教学质量的关键。根据少数民族大学生的具体特点和学习规律，进行有针对性的改革创新，才能真正解决少数民大学在英语学习中的具体问题。

一、开展跨文化交际教学

（一）相关概念介绍

1. 文化

在《辞书》中，文化分为广义和狭义两个层面。在广义角度上，文化指人类社会发展历程中创造的各种物质财富与精神财富；狭义的文化是一种社会意识形态以及与之相对应的组织机构和制度模式，包括文学、艺术、教育、科学方面的精神财富，与经济、政治、军事相比较具有明显差别。在西方国家中的文化概念更加强调精神和观念层面。英国人类学家泰勒最早提出了关于文化的定义，在《原始文化》一书中，泰勒提出，文化是一种复杂的整体，其中包括知识、信仰、艺术、道德、法律、习俗以及人们作为社会成员而获得的一切能力和习惯。尼迪克特认为，真正把人们结合在一起的是他们的文化，其共有的思想和准则。萨皮尔认为，"文化"这一名称的定义是一个社会所做的和所想的是什么。此后，学界又不断充实关于文化的内容，在精神层面的基础上增加了实物文化。文化中一类为"大写字母的文化"，包括反映人类文明各个层面的内容，如文学、艺术、哲学、建筑、音乐、科技等；另一类则是"小写字母的文化"，包括生活方式、风俗习惯、社会组织、行为准则、相关关系等。

2. 跨文化传播

关于传播的定义，学界的研究视角不同，得出的结果也不同。有学者认为，传播是

处于各种关系群体组织和社会中的个人向环境或相互之间发出信息和开展的反馈，以便与之适应的过程。关于文化与传播之间的关系，学界的研究普遍认为，两者之间是不可分离的。文化是处于整个人类社会的大环境，文化与传播之间的相互关联：一是文化可以通过代代传播连续传承；二是文化包含文化传播的语境，两者都必不可缺，并且文化是动态化的，从诞生之后就会产生向外传播的冲动；三是传播促进了文化的整合和变迁，因此，关于跨文化传播的研究视野，一般会将文化和交际等同起来。

学界对于跨文化传播有不同的定义：一是来自不同文化背景的人际交往行为；二是跨文化传播涉及信息的编码和密码。如果跨文化传播的双方的编码体系不同，这种文化传播就是跨文化传播；三是进行文化传播的双方具有不同的符号系统，通过文化传播进行符号交换。因此，跨文化传播就是不同文化之间的交往和互动行为，或者处在不同文化背景社会成员之间开展的交往和互动。

学界针对跨文化传播的研究视野各有差异。小到人与人之间的交际、大到国家之间的交流，不管怎样定义，跨文化传播的本质都是跨文化交际。要明确跨文化传播的本质，就需要从文化和传播两个要素上来着手，其中，文化具有四个重要特征：一是文化并不是与生俱来的，而是通过后天习得并且能够不断延续的；二是多数文化是隐形存在于潜意识之中，因此，人们会将自己的文化看作一种自然现象。当与其他文化接触时，才能够感受到自身文化的独有价值；三是文化具有动态性。文化具有相对稳定的特点，同时随着时代的发展和历史的变迁，文化在不断发展变化；四是文化具有系统性的特征。文化涵盖规范体系、认知体系、社会组织与家庭物质产品、历史内容、语言和非语言系统、地理环境等各类要素，构成一种文化的要素之间联系密切，构成一个复杂系统，共同组成了文化内容，这在跨文化交际中也是不可或缺的重中之重。

3.跨文化交际

跨文化交际是不同文化背景民族成员进行的一种交往活动。这种交往可以是国内范畴，也可以是国际性的，他们可能使用同样的语言，但是有着不同的文化传统。跨文化交际与价值观、风俗习惯、称谓体系、政治观点、政策等，可以是人与人之间、民族与民族之间、国家之间的交际活动。从类型来看，跨文化交际包括主流文化、地区文化、亚文化和小群体文化。在经济发展的全球化背景下，跨文化交际是必不可少的，影响跨文化交际的因素多种多样，这主要包括以下几种因素：

（1）语言因素

①语言符号

语言符号又可从语言谱系和语言要素的文化内涵两个角度来考虑。语言障碍是影响不同文化背景的人交际的最大因素。交际双方运用不同的交际语言符号系统，导致交际方在编码和译码上出现障碍。英语和汉语分属两个不同的体系，在词汇、语音和语法上也相差甚远，因此，以英语、汉语为母语的人，在交际时往往存在较大难度。

语言本身不仅具有符号特征，同时还承载着重要的文化意义。这种文化意义也构成了文化。语言要素的文化内涵除了受个体等客观因素决定外，还会受到社会文化因素的影响，比如个体的年龄、性别、职业、情感表达、教育背景、种族、价值观念倾向等。在英语和汉语中，两个词汇的概念、意义相同，但内涵却截然不同，甚至相反，如，在汉语之中，"红色"蕴含着吉祥、喜庆、兴旺、发达的含义，是积极向上的，而英语中"红色"并没有特别的指征；在汉语中，带"狗"的词语一般是表达贬义，如狗急跳墙、狗眼看人低等；而在西方文化中，狗具有忠诚的特征，对人类具有陪伴和守候的功能，因此英语中"dog"狗表示的多为褒义。

②非语言符号

在交际活动中，人们不仅会使用语言工具，还会使用一些非语言符号，比如表情、眼神、手势、身势、身体接触、身体距离、时空行为等。在西方国家中，人们在交际中常常会使用身势语，身势语也被称为"体态语"，是指利用人体各个部位的动作来表达情感态度、交流信息的一种方式。而在中国传统文化中，人们讲求礼仪，过多的身势可能会引起对方的不适，因此，中国人的日常交际很少会使用身势语。在跨文化交际活动中，必须要了解身势语的习惯和含义，否则就很容易出现交际方面的障碍。比如，在美国文化背景下，教师的身势姿态会比较随意，有的教师在上课时为了营造一种自由轻松的课堂氛围，教师甚至会坐在讲桌上，而在中国，这种现象是非常少的。不管是教师还是学生，都认为讲台是神圣的，师生关系也比较正式，如果在跨文化交际时双方不了解，就会产生交流障碍；另外，手势在不同的文化语系中也代表不同的含义，如，西方人在交流时面部表情较多，感情外露，而中国人则比较内敛，喜怒一般不形于色。

（2）文化深层因素

①语境文化

根据美国人类学家爱德华·霍尔的观点，文化可以划分为"高语境文化"和"低语境文化"。高语境文化交流中的信息传播不是直接进行的，而是将信息包含在交际情境中，让交际双方理解；低语境文化中的信息传播是使用语言交流来完成，蕴含在环境之中的信息较少。比如，西方人比较直接，进行交流时更多的是低语境文化，他们的交际比较坦率、直接，有什么诉求就会直接表达，而中国人的交际则比较间接、含蓄，属于高语境文化。高语境文化和低语境文化之间的冲突也是导致跨文化交际出现障碍的一个重要因素。

② 思维方式与交际风格

思维方式会直接影响个体的认知。分析线性逻辑是西方思维模式的主要特点，辩证性和整体性则是东方人思维方式的特征；西方的文化以抽象为主，而中国文化则倾向于具象。这些不同的思维方式会使具有不同文化背景的中西方交际出现不同的风格和不同的交际行为，从而形成障碍影响跨文化交际。通常情况下，西方人在交际时一般会直奔主题、开门见山，中国人的交际则委婉含蓄；中国人强调谦恭礼貌，而美国人鼓励充满自信，这也与两国的文化有着密切联系。美国文化倡导自由、平等、个性，在语言交际上也经常直呼其名，比较幽默，中国人在交际时则会强调尊卑，两者文化具有显著差异。

③ 价值观

价值观属于文化的深层次构成成分。人们的行动会受到价值观的影响，是通过不同的实践逐渐形成的一种观念集合，会使人们的感知和交流产生变化。在中西方交际中，价值观的最大差异就是个人主义价值观与集体主义价值观之间的差异。在个人主义价值观中，自我成就是核心，个体与群体之间的依赖度很低；集体主义则重视个人与群体之间的和谐关系，个人与集体之间、群体之间、社会之间都有着较高的依赖度。西方文化特别是美国文化是个人主义的表现，因此，美国人强调自我实现、个性自由，而中国文化属于典型的集体文化，比较重视他人和集体。在群体中，也会更多考虑到他人的做法，因此，中国人在交际时会比较含蓄。

④ 成见

成见也被称为刻板印象，这也是影响跨文化交际的一个重要因素。也就是说，人们在没有与某项文化接触之前，会根据自己已有的经验判断来看待这个文化群体。成见有正面成见也有负面成见。一旦一个文化群体形成了成见，那么往往会在跨文化交际中出现偏见，导致在交际时出现判断失误，甚至影响到交际的顺利进行。

⑤ 民族中心主义

民族中心主义是人们在跨文化交际时习惯以本民族文化作为主导，用自身的文化准则来判断他人的言行举止，认为与自身文化不同的文化都是负面的。在某种情况下，民族中心主义有助于社会的发展，促进民族团结，同时民族中心主义又会影响跨文化交际，因为民族中心主义观念具有聚集功能，使某一民族群体排除其他群体，这无疑会影响文化交际与交流。除此以外，民族中心主义更加重视本民族的信仰和价值观，对于其他文化会有一种不信任态度，因此，在英语教学中，需要让学生认识到民族中心主义的负面影响，引导学生判断不同的交际情境，进行自身交际行为的调整。文化是百花齐放的，不能按照自身的标准来判断文化的好坏，这也是在跨文化交际中应当持有的重要观点。

（二）少数民族大学生英语跨文化交际能力的培育

1. 跨文化交际与大学英语教学之间的联系

在跨文化传播中，语言也是一个重要的组成要素。文化和传播之间有着密切联系，语言和文化也是密不可分。语言和文化本身具有一些相似点，是一个民族和群体与其他民族和群体区别的重要标志，都是通过后天习得来形成，并且会相互交织。语言的发展和人类文化的传承之间关系密切，语言和文化也息息相关。作为一种符号系统，语言能够反映、传播文化，帮助人们将文化、自然环境之间有机整合，并且会影响人类社会活动。文化助推语言形成，同时也影响语言。从群体角度来看，文化是语言的一项重要内容，从个体层面来看，文化则会影响语言的具体应用，文化传播、语言传播是人类活动系统的重要内容。传播具有动态性，是在某个语言为环境下进行的，传播的过程会以语言和文化为依托，同时又促进文化互动和语言互动，因此，作为语言教学重要形式的英语教学是影响跨文化交际的重要因素。

《大学英语课程教学标准》明确了大学英语教学的性质，也清晰阐述了跨文化要求。大学英语教学作为外国语言教学的重要组成部分，对于培养学生的跨文化交际能力具有重要意义。由于文化与语言密切相关，英语语言在传播英语文化中起着关键的作用，开展英语教学的目标之一是培养学生的跨文化交际能力，使学生在学习、工作和交际中能够顺利进行交际，以适应我国日益增多的国际交流的需求。只有培育学生的跨文化交际能力，他们才能够顺应社会的发展需求。

2. 大学英语教学中融入中华优秀传统文化的重要意义

一是升华学生对于中国文化的理解。从"生产性双语"角度来看，在学生学习英语时融入中华优秀传统文化，可以激发学生的学习潜能，也可推动母语文化和英语文化之间的互动和结合。实践证实，让中华优秀传统文化进入大学英语课堂中，可以加深学生对于各类文化的认识，进一步升华学生对于我国传统优秀文化的理解。

二是提高学生的跨文化交际能力。跨文化交际的本质就是"拿出来""送出去"的循环过程，这要求学生在交际时要尊重他人，并且能够弘扬本民族文化精髓。让学生学习中华优秀传统文化，能够有效提高其交际能力，也可使学生辩证看待文化差异和冲突，这对于弘扬本民族优秀文化、促进跨文化交际的顺利进行具有一定意义。

三是坚定学生的文化自信。在大学英语课堂中融入中华优秀传统文化，能够坚定学生的文化自信，从而有效阻止西方负面文化的入侵，使学生认识到自身肩负的重要职责，加深对英语学习的理解，并通过交际活动向世界来传播中华民族优秀的传统文化。

四是提升学生的文化素养。大学生正处于成长发展阶段，思维活跃，易于接收新生事物的影响。英语课程本身与西方文化之间有着密切联系，如果忽视了正确引导，可能导致学生盲目崇拜西方的生活方式和价值观念。大学生作为国家建设的传承者，需要肩负起传承我国优秀传统文化的重任。随着多元文化交流的频繁，高校需要将更多我国优秀的传统文化融入到英语教学中，使学生在其中提高自身的文化素养。

五是助推相关产业的发展。让中华优秀的传统文化融入英语教学中，也有助于带动全域旅游产业的发展。具备优秀文化素养，特别是掌握中华优秀传统文化的从业者，能够为游客提供高质量服务，可使更多外国游客了解我国优秀的传统文化。让蒙古族大学生学习本民族文化以及我国优秀的传统文化，对于地域经济的发展具有积极作用。同时，在当前全球经济一体化背景下，倡导与其他国家之间的互信合作，要达成互信，就离不开文化理解和文化沟通。从这一角度来言，使中华优秀传统文化进入英语课堂，不仅对蒙古族大学生自身发展有利，也能够带动相关产业的发展。

3. 少数民族大学生英语跨文化交际能力的培育

（1）教师的跨文化交际能力较弱

① 缺乏足够的跨文化交际视野

在英语教育中，教学目的之一就是让学生通过语言学习消除文化之间的隔阂，培养良好的跨文化交流能力。在目前的英语教学中，主要重视对学生语言能力的培养，对学生跨文化交流的能力不够重视，使学生对于英语、汉语、蒙古语之间的文化差异认识不足、敏感度不够。根据交际能力理论，语言能力只是交际能力的一个方面，并非交际能力，学生对语言知识应用和语言运用之间仍存在一定距离。在蒙古族大学生进行英语学习的过程中，教师应该引导学生把学生的个体文化和英语文化紧密结合，成功进行跨文化交流。目前，在蒙古族大学生英语学习中，跨文化交流能力的培养没有得到足够的重视。因为教师本身的跨文化沟通能力不够，导致在教学中重语言、轻社会文化。试想，如果英语教师本身就对本国传统文化不够理解，自然无法平衡英语和母语文化，也无法让蒙古族大学生具备平等的跨文化交际意识，自然也很难挖掘语言背后的文化内容。只有通过中西文化对比，让学生暴露在不同的文化背景下，增加对不同文化的敏感性，才能正确理解不同的文化现象，最终实现文化之间的沟通。因此，教师在给这类群体的英语学习者组织教学时，要注重引导学生了解不同的文化背景，充当好文化桥梁作用。只有扮演好这个角色，才能够让学生更好地开展跨文化交流，这就要求英语教师更新思想观念，具备较强的跨文化意识，拓展跨文化视野，深刻理解跨文化交际内涵，能够让学生用英语来介绍本国、本民族的文化。总之，在文化全球化的时代背景下，在英语教学中不仅要让学生了解目的语文化，更要培育学生的母语文化意识，只有这样，才能够使学生在英语学习中收获跨文化交际能力。

② 忽视对传统文化的渗透

在如今大学英语教学改革的推进下，关于英语教学中的文化渗透也受到了高度重视，但是就蒙古族大学生的英语学习现状来看，教师普遍更加关注英语语言知识的讲述，忽视了对中华民族传统文化的介绍。在英语课堂中主要关注学生对于英语文化的理解和认同，本身教师对于蒙古族文化内容了解不多，也没有下意识地为学生传授中国传统文化。另外，教师的批判意识不够强，对于各类文化的异同缺乏深刻理解，在这种模式下，使得蒙古族大学生无法了解世界文化精髓，对于本民族传统文化也会出现动摇。无论是发生哪些问题，都不利于学生跨文化交际能力的培养。由于长时间过于强调英语国家文化的介绍，对于母语文化和中国传统文化的涉猎较少，导致我们优秀的母语文化和传统文化受到忽视，一个普遍现象是一些蒙古族大学生在与外国人交往时始终显示不出自身的文化素养和文化人格，这便是"文化失语症"的危害。

③ 教师跨文化知识相对欠缺

现在的大学英语教师都是英语专业科班出身，但是他们在长期受教育的过程中接收的内容也是西方文化，自身的文化意识和教育意识不够强，对于跨文化和交际方面的理解也相对偏弱，对于蒙古族传统文化和我国优秀传统文化缺乏足够的理解力和洞察力，面对全球一体化背景文化批判性思维相对较弱，不能关注和辨别不同文化之间存在的差异性。如果教师很少阅读最新的英语报纸和杂志，不关注本国文化，也很少主动去了解蒙古族传统文化，就会导致教师在英语教学中实施跨文化教育显得难度颇高。

④ 跨文化教育方法存在弊端

目前，针对蒙古族大学生，大多数英语教师无法灵活地应用教学方法来开展跨文化交际。在开展英语教学时，花费大量时间和精力去解释句法和讲解语法内容，未充分重视文化背景和非语言形式的交际因素，没有更多引导蒙古族大学生通过阅读文献、书刊了解跨文化交际内容。部分教师只关注教材资料，对英语文化的介绍非常少，往往是点到即止。面对蒙古族大学生出现的跨文化语音、语义、语用问题，教师习惯采用讲述法来进行解释，或是让学生死记硬背，结果就是使得学生记住了枯燥乏味的记忆句子和表达方法，他们并不知道如何应用，这违背了以学生为主体的教学理念，同时也不利于学生跨文化交际能力的培养。建议采纳适合跨文化交际的英语教学方法，比如听说法、交际法、翻译法、直接法、对比法等等。作为一名优秀的英语教师，在选择教学方法时应当扬长避短，灵活选择，引导学生客观对各方文化进行对比分析，用历史辩证眼光来分析文化差异，提高文化属性的敏感度。

（2）学生的跨文化交际意识与能力相对较弱

在长期的应试教育环境下，很多英语教学缺乏良好的英语交际环境。很多蒙古族大学生学习英语的直接目的就是通过等级考试、获取毕业文凭，因此，往往是以考试作为主导。从教学条件来看，少数民族英语教学一直处于相对薄弱的状态，教师的跨文化交际水平相对较弱，学生英语综合素质参差不齐。面对基础不同的蒙古族大学生，教师很难做到因材施教。尽管有的蒙古族大学生通过学习有了扎实的英语表达能力，但是普遍缺乏较好的跨文化理解能力。在进入21世纪之后，互联网的发展使得英语全球化持续加剧，由于信息交流的极端不平等出现了"文化霸权"意识。如今，我们正处于社会变革的新时期，呼唤人文精神的回归，培育蒙古族大学生的文化素养，能够为他们奠定精神基础，这会直接影响学生世界观、价值观的确立。学习中国传统文化，能够帮助学生更好地弘扬民族精神，促进跨文化交际能力的提升。鉴于当前蒙古族大学生跨文化交际能力相对较弱的问题，有必要通过跨文化交际教育让学生养成开放、平等的跨文化交际心态，形成良好的跨文化意识和理念，从而提高其跨文化交际能力。

（3）跨文化交际内容较为单一

① 教学大纲需要补充跨文化交际内容

一直以来，大学英语教学大纲并没有将跨文化交际内容纳入教学要求，尽管新出台的大纲要求提高学生的跨文化素养，但是目前还是没有形成完整的跨文化交际教学体系，跨文化交际教育也没有明确的纲领可以遵循。

② 英语教材的文化内容亟待加强

中国民族优秀的传统文化是中华民族的精神命脉，要让学生理解这类内容，还需要以教材作为基点。但是在现行的大学英语教材中，大多数内容是以西方国家文化为主，宣传西方科技成果、文化观以及价值观等，容易对大学生的思维产生影响。英语作为典型的人文类学科，教材中的文化偏重本身是无可厚非的，通过西方文化和英语语言可以有效提高学生的跨文化交际能力，但是学生应当主动了解中西方文化的差异，提高学生的跨文化交际能力。在实际教学中，需要补充更多中华优秀传统文化，让学生更多、更深入地了解了中华文化，在向他人介绍中国优秀传统文化时学生才能熟练进行，讲好中国故事，改善"中国文化失语"现象。

③ 教学理念存在偏差

目前，各个高校对于少数民族大学生的英语教学重视度越来越高，会留出大量时间让学生学习英语。学生在校期间也希望能够通过英语等级考试，他们本身对英语学习就存在一定的压力。教师在教学活动中为了提高学生的英语实践能力，会在课堂上讲述一些西方文化现象，教师所选的资料也是以西方文化为主，忽视了对于中国优秀传统文化的传承。学生在英语课堂中获取的中华优秀传统文化不够多，导致不少大学生对于西方文化、西方节日如数家珍，他们了解西方的饮食方式、消费形式，这与英语教学理念的偏差有着密切关系。

（三）针对蒙古族大学生开展跨文化交际教学的对策

1.遵循跨文化交际教学原则

（1）因材施教原则

开展教学活动的一个根本原则就是因材施教，尤其适用于针对蒙古族大学生群体的跨文化交际教学。影响跨文化交际的重要因素包括学生自身的思维方式和文化体验，学生本人的价值观、世界观，所以要提高学生的跨文化交际能力，要充分考虑蒙古族大学生自身的成长环境、文化传统和文化体验，进行蒙古族文化和英语文化之间的对比，才能使学生获得良好的对文化差异的理解。因此，在教学过程中需要尊重蒙古族大学生的文化背景、思想情感、价值观念和个人体会。

（2）情景化与个人化原则

跨文化交际教学应当将学生的个人体验与其发展需求相结合，能够极大促进蒙古族大学生个人综合素质的提高。在进行跨文化交际教学时，可以通过情景化和个人化，引导学生进入特定的文化情景中，赋予跨文化交际内容生动性和真实性，引导学生关注不同文化对个人行为和思维模式的影响，让蒙古族大学生能够身临其境地感知不同文化的特点，并且主动将其与自身的学习经历结合起来。

（3）语言教学与文化教学有机结合原则

开展跨文化交际教学，要从语言和文化的紧密关系出发。通过语言学习掌握语言背后的文化，从而达到顺利开展跨文化交际的目的。文化学习可以为他们的英语学习活动提供丰富多彩的素材，大量文化材料的引入使得英语学习活动能够充满趣味，生机盎然，也能够逐步提高学生的英语交际能力❶。总之，在开展跨文化交际教学时，要同时关注语言教学和文化教学，二者相辅相成。

（4）实践与互动原则

所谓实践与互动原则，就是设计一些和学习内容相关联的文化交际活动，给教师、学生赋予不同的文化身份，开展模拟跨文化交流。让学生直接参与到跨文化交际活动中，将学生、教师作为不同的文化表现者来组织互动交流。通过这种方式让蒙古族大学生可以亲身经历跨文化交际活动，培养跨文化交际的态度和能力，利用平等、开放的交流活动使学生收获谨慎、宽容、客观的跨文化态度。

（5）比较与融合原则

比较与融合原则就是通过本民族与其他民族文化之间的对比，将跨文化教育的知识目标、态度目标以及能力目标融合在其中，将跨文化交际能力和英语语言应用能力深度

---

❶ 杨清宇：《外语教学中的跨文化交际教学》，《漯河职业技术学院学报》2007年第6期。

结合，让学生在学习英语的过程中能够持续开展跨文化交际。英语教学的目标是为了锻炼蒙古族大学生的语言应用能力，而要达成这一目标，就必须要掌握其语言背后蕴含的文化内容❶。

2. 针对蒙古族大学生开展跨文化交际教学的策略

（1）做好顶层设计工作

要想在蒙古族大学英语跨文化交际教育方面取得明显成果，还需要做好顶层设计，为跨文化交际教育的实施提供保障。一方面，需要在推进跨文化交际教育的进程中提供经费支持，鼓励教师进行课程改革，助力"三全育人"格局的实现。由学校为英语教师搭建工作平台，组织丰富的培训和教研活动。除了注重提高教师的专业理论水平和教学能力外，还应重视对他们的师德师风培训、心理健康教育和职业道德素养培训，提升教师实施跨文化交际教育的整体能力；另一方面，提供制度保障，将跨文化交际教育落实到大学英语教学大纲和课程标准中，建立全员协作体系，建立长期机制，并且持续加强教学督导，实施督导听课制度，引导大学英语教师主动将各类文化元素融入大学英语教学中。完善英语教学的评价机制，细化评价标准，引导教师主动在教学设计、课堂教学等环节融入跨文化交际内容，鼓励广大英语教师主动开展跨文化交际的相关研究。对于在跨文化交际教育中取得切实成果的英语教师，在评优、评先中应优先考虑。

除此之外，还应该提供环境保障。跨文化交际教育的实施成果要较长时间才能看到，这是一个潜移默化的过程。要真正实现立德树人的目的，需要在整体育人环境上提供保障。对学生而言，富有特色又氛围温馨的学习环境对学生高尚品德、良好习惯的培养都有重要价值。因此，还要为学生创设有助于跨文化交际的课堂和校园环境，比如，布置双语宣传画，举行"讲好中国故事"为主题的大学英语演讲比赛，悬挂有励志作用的双语格言警句等等，持续加强学风和校风的建设，将校风和中国传统文化元素深入结合。

（2）明确教学改革目标

明确、清晰的教学目标是跨文化交际教育实施的前提条件。根据大学英语课程的特点，目标需要涉及知识、能力、价值三个方面。关于跨文化交际教育的实施主要体现在价值维度，其目标是为了培育学生担当服务意识，坚定学生的社会主义核心价值观。在目标明确之后，即可围绕目标来挖掘相关的文化内容，寻找目标和内容之间的契合点，从教学方法、活动设计等方面来进行教学改革。从教学方法来看，不断探索多元化教学形式、创新方法，提高跨文化交际教育的针对性和亲和力。在传统的英语课堂上，一般是教师讲、学生听，这种单一的传输效果成效并不理想。在改革过程中，需要致力于增

---

❶ 郭海英：《浅析文化习得和跨文化交际教学》，《内江科技》2007年第28期。

加蒙古族大学生的课堂参与感，为其提供话语权。与其他课程相比，大学英语的内容灵活、形式生动、思政教育氛围浓厚，在教学时，通过启发、诱导、交流、沟通的方式来挖掘思政元素，找到思政内容和大学英语之间的契合点，营造一种平等、开放的师生关系，激发学生深入分析问题的积极性，实现课内、课外跨文化交际的深度结合，将深奥、复杂的中西方文化内容以通俗易懂的方式传递给蒙古族大学生，借助微视频、微课堂、音频、影视等大学生喜闻乐见的方式使大学英语跨文化交际教育步入新的台阶。

另外，还要改革以往的课程考核方式。由于以测验、笔试为主的方式很难将大学英语跨文化交际教育的实施成果量化，对此，在考评方面，结合大学英语课程特点，可组织角色扮演、趣味配音、口语大赛等丰富的活动，采用课程评价、问卷访谈等方式，以多种形式来了解跨文化交际教育的育人成效，提高跨文化交际教育考评的实效性，也在潜移默化中强化学生的责任感和使命感。

（3）调整教材内容

① 合理补充教材内容

当前的大学英语教材更加侧重于西方国家历史、文化、风俗、名人的介绍，为了让学生通过多渠道了解中华优秀的传统文化，还需要对教材进行适当调整。基于英语教学目标，引入更多中华优秀的传统文化，包括我国的文化、历史、价值观、社会现象等，让学生熟悉与中华优秀传统文化相关的词汇，了解中西方文化之间的差异性，并基于这种差异来开展演讲、角色扮演、课堂辩论等活动。比如，在讲述关于"美国文化的五大象征"这一内容时，可以增加讲述关于"中国优秀传统文化的五大象征"，把学生组成小组，分析象征中华优秀传统文化的各类元素，如大熊猫、长城、四大发明等，鼓励学生通过网络渠道查询资料，用英语介绍中国文化的象征元素，带领学生分析中西方文化之间的差异。

② 完善教学大纲

教学大纲是中国传统文化融入英语教学的出发点和基础，也是跨文化交际教学需要着重关注的内容。在英语教学中，中国传统文化的融入依然需要加强，因此，教师需要以文化型教学大纲作为基础，新增文化内容，明确中国传统文化融入的具体知识和能力要求，避免让英语教学单一停留在语言交际层面。其中的中国传统文化项目应当包括各类与跨文化交际相关的理念和行为，不能只是简单模仿，要让英语教学既要体现出交际文化内涵，也要表现知识文化内容，从表层到深层使学生对中国传统文化产生更深刻的理解。明确目标之后，根据中国传统文化的具体融入方式制定教学大纲，主要内容集中在英语语法、词汇、读写能力上，各项板块要自成系统，板块与板块之间应当是统一、系统的。从大纲着手，以理念改革为指导，全面提高学生的跨文化交际能力。在教材的编写上，要遵循规范性和适用性原则，可以适当提高中国传统文化知识占比，促进文化学习和语言学习的深度结合，结合各类先进工具，使学生对中西方的风俗习惯、社会文化产生深刻理解，在激发学生兴趣的同时提升中华传统文化的融入质量。

③ 制作相关影像资料

为了使蒙古族大学生有更多机会了解中西方文化之间的差异，感知中国优秀传统文化的魅力与博大精深，还需要制作对应的影像资料，借助形象生动的微课视频、多媒体课件加深学生的理解。比如，可将中国古代的传统习俗、长城、兵马俑、四大发明等文化元素制作成微课视频在课堂上播放，通过对比中西方之间的文化差异深化学生理解；还可播放各类经典纪录片，如 BBC 的《春节》（Spring Festival），这类纪录片是采用西方国家的表达方式来介绍中国的传统美食和节日，通过播放这类内容，让学生对于传统文化的英语词汇表达方式有深刻理解，满足学生的跨文化学习要求。在此类影像资料的制作上需要遵循实用性、科学性、趣味性原则，除了涉及祖国优秀的文化经典、传统节日之外，还要结合蒙古族的生活方式、习俗、历史、语言文化来增加体现本区域的民族文化经典。要重视各项内容的交叉融合，从自然科学、人文科学、社会科学等多角度来深挖具有价值的拓展性教育资源，内容的选择还要尽可能贴近学生实际，让学生能够结合实际内容领会中华优秀传统文化的核心精髓。

（4）强化教师队伍建设

① 创新培训模式

大学英语教师是课程教学改革的实施者，只有大学英语教师明确课程思政的实施意义，具备良好的思政素养和综合能力，方可将思政教育融入到大学英语课堂中，更好地发挥出大学英语课程的育人功能。作为大学英语教师，要用好课堂和校园阵地，用自己的行动、学识和阅历来点燃学生对于真善美的向往，使社会主义核心价值观能够真正内化为学生的日常行为，以促进学生的健康成长。为了提高大学英语教师的综合素质，需要根据教师的专业化发展需求建立完善的培训体系，使英语教师有更多的机会学习先进的育人理念、教学方法，提高其职业能力和教育水平。

从现有的培训体系来看，尽管各个学校也高度重视教师的培训，但培训内容更多的还是局限在语言教学能力上，应该加强教师思政教育能力的关注，立足于师德师风教育，提高教师的个人品质，以立德树人作为切入点来创新培育模式，使大学英语教师能够自觉将立德树人作为主要的课程目标，挖掘大学英语课程思政内容，引导学生树立正确的思想观念。在培训方面，传统的培训是以专家讲座、报告为主。专家讲座能够有效提高教师的教学能力，但是，此类方式更多的是局限在理论灌输上，为了使教师了解课程思政的实施方法，还要创新培训模式，通过案例式、互动式等多元化的培训方式切实提高教师工作能力，并鼓励教师之间的相互学习和促进，在整个学校中营造良好的思政建设氛围，使教师可以在交流活动中提高思政教育能力，并发挥以赛促教、集体备课的作用，让不同的英语教师集思广益，开展交流和研讨，发挥集体智慧，提高课程教学设计的科学性。参与教学竞赛能够为英语教师提供更多的学习机会，使之主动向优秀教师，也能够检验教师的思政教育能力，从多元化的渠道提高教师教学水平。从近年来举行的教师教学能力大赛来看，让教师参与此类竞赛，能够高效达成培训目标，值得进行推崇。

②提高教师跨文化意识

教师是否掌握中国传统文化，具备跨文化意识，会直接影响中国传统文化融入英语教学的建设质量，因此，高校需要将英语师资队伍的建设置于重要地位，强化对教师文化素养的培训，尤其要提高英语教师的跨文化意识。在跨文化交际教育实践中，教师是主体。教师不仅是语言的传授者，也是文化的引领者，教师想要为学生提供更多的中华传统文化，那么必须要做好自身建设，提高文化素养，既要了解西方文化，也要深入学习我国优秀的传统文化，了解我国与其他国家在各领域之间的差异和相互作用，知晓不同国家的价值观与风俗习惯。

另外，英语教学并不单一是学习语言，更重要的是语言的应用和文化内容的学习。英语教师要认识到自身的工作性质，既需要有扎实的语言功底，也需要具备深厚的文化传播能力。跨文化教育的根本目标并非是教学理念和方式的改革，更加重要的是教师能力和素质的提升，因此，英语教师需要充分利用各类机会主动参与培训和教育，提高文化修养，成为学生的榜样，用自身的榜样力量来影响学生。教师还要积极转变传统课堂教学方式。传统英语课堂主要强调阅读能力、词汇量和应试能力，常会忽视中国传统文化的融入，教师讲单词、讲课文，学生听课、背诵，这种方式培育出的学生尽管具有一定的应试能力，但是应用能力和跨文化交际能力较弱，因此，教师需要从自身来改变，系统化学习中国传统文化内容，根据教材内容和学生学习需求适时融入中国传统文化，利用视频、电影、录音、网络信息等丰富中国传统文化融入渠道，定期举办英语文化专题讲座，开设与中国传统文化主题相关的英语角、英语晚会等，为学生搭建理解中西方文化的平台。

（5）转变思想理念

在大学英语教学活动中，教师是输出中华优秀传统文化的主体，教师对于传统文化的认识和理解会直接影响融入的效果，因此，教师必须要转变传统思想理念，主动学习中华优秀的传统文化。

①更新教学理念

在目前的大学英语教学中，依然是以讲述语言知识为主，西方文化所占篇幅较多。

作为教师，不仅要关注语言教学任务，还要发挥出自身在文化传播上的作用。教师需要研读教学标准，不仅要使蒙古族大学生能够综合应用语言，还要为学生提供机会去了解、欣赏、对比中外文化现象，使学生培养文化自信、增强文化自信。教师在日常生活和学习中需要下意识地关注中西方文化内容，根据教材知识点来引入此类知识，使学生感知到中国文化的感召力。在教师认识到中华优秀传统文化的感召力之后，就可以将其转化为工作动力，并发挥自身的榜样力量，教育学生、影响学生，从而显著提高学生的民族自豪感。

②升华文化积淀

教师的跨文化交际能力对于英语教学活动具有直接影响。教师在长期学习和教学活动中接触的是第二语言，需通过多渠道获取中国优秀的传统文化，提取其中的精髓内容，提高自身文化底蕴，构建自我文化体系，锻炼中国文化英语表达能力，深度进行查缺补漏，成为一名终身学习者。此外还要积极参与各类培训、中华优秀传统文化英语讲座、学习交流会，了解最新的教育理念，提高自身的中国文化表达能力。

（6）优化教学方法

①组织实践活动

融入中华优秀传统文化的英语教学活动与以往的教学模式应当具有差异。教师在英语课堂上还需创新方法，除了为学生直接讲述外，还可以通过文化实践、文化讨论、文化对比、文化拓展等方式来传输中华优秀传统文化。文化实践就是鼓励学生在课堂或者课外开展跨文化交际、拓展练习的实践方式，比如，可邀请学生在课后调查本地的文化遗产，尝试写出调研报告；文化讨论就是利用教材中中西方文化观点的差异来引发讨论，可以调动学生学习中华优秀传统文化的兴趣，锻炼其批判性思维能力；利用文化对比，可有效提高学生中西方文化的对比和鉴赏能力；文化拓展则是学生喜欢的一种教学方式，在讲述与中华优秀传统文化相关的知识点时，即可引入相关的背景材料，进行深度拓展，播放相关的纪录片，介绍中国文化的历史、意义等知识点，提高学生的文化敏感性。

②发挥信息技术手段作用

随着信息技术的发展，传统的英语课堂教学方式发生了巨大的改变，增加了英语课堂的生动性和趣味性，在客观上增加了学生接触中华优秀传统文化的时间。教师在课堂上讲述中华优秀传统文化的知识点之后，学生在课外可通过网络来搜索，进行拓展学习，还可借助慕课、微课等来了解中华优秀传统文化知识点，这种便利、快捷的自主学习方式能够显著弥补课堂教学实践的不足。在课前，可采用任务驱动法融入中国传统文化内容。教师通过智慧平台为学生发布导学任务单和预习任务，根据单元教学目标融入中国传统文化内容，为学生提供相关的课件、文档、微课等。学生可根据任务清单来自主预习，提高输出能力。在预习环节，可以增加一些区域文化内容，以此类内容为主题让学生参与翻译、写作、演讲等任务，根据学生的兴趣点和认知程度来精心设计；在课中，丰富融入途径，根据学生的课前反馈，把中国传统文化内容有机融入教学环节，比如主题讨论、篇章分析、词汇应用、翻译写作等，开展小组讨论、小组展示、角色扮演等教学活动，加深学生对中国传统文化内容的理解，将语言表达能力和文化内容学习深度结合，培育学生的文化自信；在课后，组织第二课堂活动，利用调查报告、翻译练习、主题写作等检验中国传统文化的融入成果。教师通过智慧平台发布在线测试，学生作业完毕后可提交至平台，由教师进行在线答疑，提供一对一指导。同时，积极配合社会实践、社团活动等，利用第二课堂来融入中国传统文化，培育学生的综合能力。

③创新方法的使用

要让蒙古族大学生充分理解英语知识，方法的使用是尤为重要的。在传统的大学英语课程教学设计中，大部分教师选择教学单元为课程设计结构，输入和单元内容相关的语言点、单词等，创新性不足，既不利于跨文化交际教育的开展，也不能促进创新大学英语课程授课方法。教师要对传统的教学方法进行积极改进，以学生为中心开展英语课堂教学，教师担任学习活动中的答疑者和引导者，充分调动学生参与英语学习，充分发挥出英语课程的育人价值，努力解锁丰富多元的教学方式，运用文化对比法、问题讨论法、任务驱动法等，组织翻转课堂，通过有计划地为学生设置具体学习任务，来着力培养学生的交际能力与合作能力。

除了上述渠道之外，还可引导学生立足于中西方文化，成立与中华优秀传统文化相关的社团，定期组织与中华优秀传统文化相关的英语知识竞赛、辩论赛、与中国经典文化相关的电影英语配音竞赛，引导学生积极参加中西方文化论坛、交流会、研讨会等。总之，需以学生的生活经验、认知背景来出发，为学生创设出具有创造性的中华优秀传统文化任务场景，使之在其中提高跨文化交际能力和综合语言应用能力，自觉成为中国优秀传统文化的传承者。

（7）进行多维考核

在大学英语的教学评价上，需要关注学生的英语核心能力，改变传统评价方式，发挥出评价在促进优秀传统文化融入英语课堂中的作用。对此，需要推行多维考核的方式，将形成性评价、终结性评价结合起来，既要利用作业和测试实现积极评价作用，又要借助形成性评价、终结性评价来跟踪学生的学习情况。一方面，为了改变中国文化缺失的现象，在大学英语的评价体系中，需要通过各种方式融入中国文化内容，在听力、阅读理解、写作中增加对于中华优秀传统文化的考察，这能够有效提高学生学习中国文化的自觉性。在每一个板块教学完毕后，都可在作业中融入中国文化内容，特别是在写作板块，可以用来帮助学生更好地了解和讲述中国优秀传统文化。教师可以给学生布置和中华传统文化相关的作业或开展文化小测试，聚焦于讲述中国文化故事的词汇、知识和技巧；另一方面，还要借助终结性评价、形成性评价的方式来反馈学习情况。对于教师而言，这种评价可以帮助教师精准获取反馈信息，成为改进中华优秀传统文化融入效果的依据。从学生角度来看，这种评价结果可以帮助学生改进学习方式、调整学习策略。在日常教学中，期末考试成绩不再作为评价学生表现的唯一标准，而是通过多维度评价方式展现出学生在各个阶段的成长情况和学习需求，为中华优秀传统文化的融入提供精准支持。

二、组织混合式教学

（一）相关概念介绍

1."互联网+"教育

"互联网+"教育是在科技迅速发展背景下互联网科技与教育领域相结合的新型教育方式，倡导利用互联网技术来助推教育领域的改革和创新。随着互联网与教育领域之间的深度融合，互联网对于教育理念、教育模式、教学方法等都带来了深刻影响。在此背景下，教育资源更为丰富，教学手段和教学方法也日趋多元，混合式教学模式就是在"互联网+"教育基础上诞生的。

2.混合式教学

（1）混合式教学的概念

从20世纪90年代开始，随着网络通信技术、多媒体技术的发展，教育领域诞生了网络教育（E-learning）学习方式。这种学习方式借助互联网开展学习，超越了时空界限，给传统教学模式带来了全新冲击，课堂也不再是以往课堂、教材、教师为主导的形式。但是在"E-learning"的应用过程中也出现了很多问题，比如学生会产生孤独感、对环境和设备的依赖度较高。之后，学界开始对"E-learning"这种教育手段进行反思，并提出了"混合式教学"[1]。混合式教学最早应用在企业培训领域中。由于企业培训对象在培训地点、培训时间上的需求各不相同，于是有的企业尝试将传统培训和网络培训结合起来。此后，这种混合式教育模式开始在高等教育领域中得到推行。2003年12月，我国的何克抗教授首次倡导在我国正式推行混合式教学，此后，国内关于混合式教学的研究也逐步拉开了序幕。

当前，国内对于混合式教学的研究主要针对面对面学习和在线学习两项内容。综合

---

[1] 刘向东，蔡启辉：《混合式教学实施的现实问题与路径探索》，《中小学管理》2023年第2期。

来看，混合式教学兼具了在线教学和传统教学的优势，实现了线上与线下有机结合的教学模式。通过这两种教学模式的组合，使学生能够从浅到深地开展深度学习，有效弥补了传统线下学习方式的不足。既解决了优生吃不饱、差生消化不了的困境，又能够借助信息技术手段以及丰富的教学资源使得教师从原有的"经验驱动"转换为"数据驱动"，提高学生的探究积极性，有效增加了师生互动的质量和频率。混合式教学契合了教育界改革的核心任务，做到以教师为主导、学生为主体，将课前预习、课堂教学、课后复习几个过程全程衔接起来，延伸了交互时空，使学生的学习更具灵活性，让不同层次学生都可以找到适合自己的学习路径。

以当前应用比较广泛的"云课堂"为例，利用智能终端设备的支持满足了双通道教学要求，营造出了良好的整体化学习氛围，大大提高了学生的参与感。借助于丰富的数字化资源，让每个层次的学生都能够找到适合自己的学习方法，保证了学习效率，这种个性化的学习让学生收获颇丰。在课前准备阶段，教师要为学生提供不同的导学案、微课视频等，学生可在教学平台上学习，将存在疑惑的内容标注出来，而后台的大数据技术能够统计出学生的学习难点，帮助教师灵活调整课堂授课内容；在课堂讲课方面，讲授内容并非课前预习的简单重复，教师除了需要反馈课前学生的预习情况、为其解答问题外，还需要为学生搭建学习支架，展开高阶的交流和互动；在课后，也可以通过平台来开展课堂复习。

（2）混合式教学的特征

混合式教学有四个基本特征：

第一，教学目标的多维度。混合式教学的根本目标是帮助学生更好地学习。与其他教学手段相比，其多维性特点更为突出，强调学生的中心地位，要求帮助学生实现会学、乐学、学好的目标。混合式教学打破了传统的时空界限，实现了三维目标之间的统一。除了知识目标之外，更加关注学生背后的思维能力发展，要求学生形成后续发展的必备能力和品格，实现素养和能力的提升❶。混合式教学也颠倒了传统的授课模式，学生是英语课堂的主人，除了通过线上学习来获取帮助外，教师还能够引导学生开展交流讨论、合作探究，从而实现知识内化，落实高阶目标，实现深度学习。这一模式强调学生的高度自主参与，学生在课前、课中、课后都能够以主人翁的姿态参与进来，实现思维能力的发展。

第二，教学过程的丰富性。传统的英语教学是在课堂中进行，会受到时空因素的限制。课下，学生无法得到教师的指导，疑惑有时无法及时得到解决，学生对于课堂的依

---

❶ 何守刚：《探索线上线下混合式教学新模式》，《中小学管理》2022年第6期。

赖度较高，而混合式教学延伸了教学过程，整体的教学活动更加丰富，各个环节形成了完整闭环，能够为学生提供针对性的教学活动。通过课前发放任务清单和学习资源，帮助学生明确学习目的，让学生能够在课前掌握基础知识。课前同样可以进行答疑解惑、沟通交流，建立师生、学生学习共同体。课中也不同于传统课堂，而是指向更深层次的学习目标，引导学生深度学习。课后，教师能够为学生提供个性化的复习和巩固任务，整个环节环环相扣，先学后教、以学促教，真正做到了教学相长。另外，在整个教学活动中，教学评价也是一个重点，强调评价工具的智能化、方式的多元化，弥补了传统教学评价的不足，有助于促进学生的更好发展。

第三，教学关系的主体间性。在传统的英语教学课堂中以教师为主体，而混合式教学则侧重于师生关系之间的主体间性。在混合式教学模式中，师生完全平等，共同参与交往和对话，两者之间互为主。教师以交互为核心，为学生营造出自由、便利、平等的学习环境。在线上，师生之间通过多个渠道来交流沟通，实现思想的碰撞，学生获取思维启发。在线下，师生面对面地解决问题，促进了资源和情感的深度共享，也拉近了师生关系。在整个过程中，师生都可以进行多元化的交流与互动，主体之间相互促进，满足了教学相长的要求。

第四，教学资源的整合性。传统的英语课堂教学资源比较单一，强调学生与环境、资源、知识的广泛连接。混合式教学模式则会通过多渠道整合优质的教学资源，具有多样性、综合性、针对性、生成性的特点，促进了线上、线下资源的深度结合，凸显出了线上资源的高重复利用度、获取便利性、丰富性优势，有效避免了资源过多导致的杂乱无章。资源的选择能够与学生生源特点、教学目标、课堂内容有效整合，具有更强的针对性，也为学生的英语自主学习活动提供了重要抓手。混合式教学还能够吸纳各方资源，有绿色与生态资源、理论与方法资源、动态与静态资源、讲解与测试资源等，使教学资源从平面化向立体化的方向发展。混合式教学资源还具有生成性、层次性的特点，关注学生的自身特点与现有水平，基于学生的认知基础，提高了教学资源的利用率，有效避免了由于资源分配不当引起的浪费问题。此外，混合式教学模式还具有可开发性、开放性的特点，能够最大限度地满足学生的学习需求。

3. 师生交互

交互最早是计算机领域的专业名词，是计算机输入操作的一种过程表现。具体到人类的社会属性上，交互就是个体之间通过交流和互动使之行为和心理产生变化的过程。在混合式教学模式中，交互是一个必不可少的过程。混合式教学模式中的师生交互有几个特点：一是交互形式灵活多样。信息技术的应用削弱了虚拟交互存在的距离感，师生之间既可以进行线上交互、也可进行线下交互；二是师生之间的交互是一种双向选择和构建，师生之间也相互制约；三是交互内容变得更加开放，既包括交互心理的变化，也有交互冲突的解决；四是交互活动目的明确，会受到交互观念的影响，并且也会对交互实践成果产生影响。

（二）蒙古族大学生英语混合式教学的问题与原因

1. 蒙古族大学生英语混合式教学的问题

在蒙古族大学生英语教学中应用混合式教学模式可以有效提高教学质量，但是从混合式教学的实施情况来看，仍旧还存在一些问题：

（1）目标制定不当

应用混合式教学模式是为了更好地帮助蒙古族大学生学习英语，不仅要让学生习得共性、标准化的知识，更要使学生享受到个性化的学习体验。从混合式教学的多维性目标来看，教师应该着眼于蒙古族大学生的全面发展需求，提高其语言应用能力。尽管目前各个高校已经在广泛推行英语混合式教学，但是课堂教学目标还是更多集中在知识维度层面，没有充分关注学生的学习体验。具体来看：

第一，教师在确立教学目标时还是多侧重于知识目标，对知识目标的描述也远远多于其他两个目标，有时教师在设计混合式课堂时，对于其他目标甚至是一笔带过，比如，"提高学生英语学习兴趣""获取审美体验"等。实际上，如果没有具体目标的支撑，那么教学活动就会变得形式化。教师在确定目标时，通常会参考英语教材，部分教师甚至认为学生完成了教材目标就达成了教学目标，并没有关注到少数民族大学生的情感和社会发展。

第二，过程与方法目标没有真正落实。英语混合式教学应当做到体验式目标与结果性目标之间的统一，使蒙古族大学生能够获取到高度参与的学习体验，使之在交流互动中实现发展，获取知识能力。但是在混合式教学的应用过程中，教师往往更加关注的是结果性目标。如果蒙古族大学生缺乏具体情境的支撑，那么他们自然无法对英语学习产生兴趣。在课堂上，教师也会用大量时间来巩固知识，情感态度、价值观目标往往比较简单。尽管教师也会要求学生参加自主探究、小组合作讨论等，但有时学生的探究和讨论深度不够，实际上获取的真正内容很少。

（2）师生的互动交流单一

混合式教学模式要求建立主体间性的教学关系，要求提高个体、群体线上与线下，个体与个体之间的互动联系，使学生有积极的情感交流，并在英语学习中获取到高阶思维，但是在目前蒙古族大学生的混合式英语教学活动中，交流和互动模式比较单一，交流也比较浮于表面。

第一，教师的单向传授过多。混合式教学的本质是一个主体互动过程，应当是立体交互的，但是在教学活动中目前还是以教师的单向传授为主，不管是在课前预习还是课堂教学上，很多教师都不敢放手，习惯沿用传统的讲授方式直接告知学生答案，挤压了学生的自主探究和合作时长，生生互动的机会也较少。表面上看师生进行了互动，其实还是教师的单一传授，这种方式只是具有混合式教学模式的外壳，其本质还是传统的讲授法，很难发挥蒙古族学生的课堂主体性。

第二，师生和学生互动流于表面。在当前蒙古族大学生的互动活动中，互动内容普遍比较浅显，主要是集中在基础知识上，内容比较浅显，具有启发性和创新性的互动内容不多。教师为了把控课堂，互动也处于教师的可控范围内，进行深入探究的问题和内容不多。比如，"阅读文本介绍了什么内容""上节课我们学习了什么知识点"等等，这类互动学生都可直接从书本上找到答案，并不需要进行深入思考就能够回答出来，互动过于围绕基础语言知识，只能够帮助学生达成低阶目标，对学生其他能力的帮助并不大。

（3）课堂上混合应用不当

混合式教学不能为了混合而混合。"学"是根本目标，为了达成教学目标，要让学生产生个性化、参与性的学习体验。在混合式教学中，线下课堂是一个关键，但不能是对传统课堂照搬套用，而是应该强调多元化的教学方式，要与蒙古族大学生的学习水平、基础能力相匹配，采用多种教学方式，以提高教学效益。但是当前针对蒙古族大学生的混合式教学模式中，课堂设计不够灵活，没有真正实现混合教学。

第一，方法单一。少数英语教师在课堂上依然习惯为学生单纯地灌输知识内容，讲授式教学的色彩浓厚，学生处于被动学习地位，与混合式教学理念要求相悖。实际上，英语教师也认识到了讲授法的弊端，他们会下意识地增加合作探究次数，但在实施中不免会出现形式化的问题。学生自主探究、合作的频次较少，并且时间短、方式单一。不少教师会在课堂上大量使用问答法，这无疑会陷入"满堂灌"的误区。本身蒙古族大学生的英语基础就较弱，在这种模式下，很难调动学生的积极性。

第二，方法固化。混合式教学模式集齐线上和线下教学的优势，灵活性更强，教师有更多的资源可以选择，但部分英语教师还没有完全适应这种教学模式，在混合式课堂的教学上灵活性不足。实际上，蒙古族大学生在英语学习中最容易出错的内容恰好是在生成性资源，机械地进行固化教学，效果并不理想。

（4）学生翻转学习成果不够理想

混合式教学模式极大地延伸了教学时空。在线学习环境承载着传递课本知识的主要功能，而要真正满足混合式教学的要求，学生的翻转学习质量十分关键。但是蒙古族大学生的翻转学习成效不理想。一方面，蒙古族大学生的课前学习随意。在混合式教学模式中，课前预习是一个关键环节。教师会为学生搭建出精准、细致的"学习框架"，以帮助他们了解学习内容，但是部分蒙古族大学生缺乏良好的英语学习习惯，在课前预习上存在组织随意化等问题，部分学生甚至直接不预习，教师有时也没有为学生细化课前学习任务和目标。学生的学习目标比较笼统，教师没有养成常态化为学生设计预习卡、提供预习资料的习惯，对于学生的课前自主预习也缺乏监督，没有提供必备的指导和帮助。对于蒙古族大学生而言，有时预习任务难度偏高，他们无法顺利完成，这就会影响后续的各个教学阶段；另一方面，课堂上学生的讨论不充分。在混合式的课堂教学中，要求做到"以学生为中心"，为学生的自主学习、合作交流提供机会，促进学生的深化拓展，而在课堂上教师过多的使用讲授法，导致学生自主探究、合作讨论的机会不多，并且部分学生的课前预习质量不佳，出现了"空着脑袋进课堂"的情况，导致教师将本应当进行面对面授课的时间用于为学生巩固基础语言知识，挤占了自主学习、合作讨论的时间。由于时间因素的限制，教师也难以使用探讨式、参与式、启发式等其他教学方式，由此就造成了恶性循环，学生课前的预习效果不佳，课堂学习活动也无法顺利完成，获取的知识也只是"等来的知识"，主动思考和探究的能力较弱。

2. 蒙古族大学生英语混合式教学问题的原因

（1）资源配置和管理因素

高校是混合式教学改革的主战场，要帮助英语教师更好地推进混合式教学的进行，需要学校方面的推动，目前要想探究蒙古族大学生混合式教学出现问题的原因需要从多个方面进行分析。首先，学校对于混合式教学的支持不足是影响混合式教学模式开展的重要原因：

第一，资源配备不当。英语混合式教学模式的实施要有针对性、丰富的学习资源，可以为蒙古族大学生的课前、课后学习提供丰富的资源支持，也能够为教师的资源整合提供便利，减轻教师负担。而目前高校对于教师这一方面的培训和资源支持相对较少，本身混合式教学对线上要求有着新的特点，教师必须要具备一定的信息化教学能力才能适应混合式教学的要求。高校英语教师的时间有限，要参与线上资源的开发组织，难度非常高。由于资源不足，极大地增加了教师的负担。一些高校将大量精力和资源投入到专业课教学中，对于英语的重视度本身就不如专业课程，缺乏英语资源建设的落实和激励制度，没有建立足够的对应的资源共享平台，教师要组织混合式教学，只能够依赖自己，单单是整合资源、制作视频就需要花费大量时间，这无疑会严重影响英语混合式教学的开展。

第二，支持条件不足。针对蒙古族大学生提供的英语混合式教学之所以成果不理想，与支持条件不足也有一定的关系，一些高校没有针对蒙古族大学生的学习需求来为教师提供专业的混合式组织培训，甚至有时候教师与大学生的联系纽带仅仅只有微信群，这对于师生的帮助较少，师生的互动帮助更少。教师没有充分发挥出各类信息化软件平台的优势，无法通过平台为学生推送学习资源，也难以借助大数据跟踪学生的学习动态和学习效果，在交流时仅仅是在课堂上进行交流，效果自然不理想。另外，学校针对英语教师参与的混合式教学没有提供对应的管理和激励制度，制度层面缺乏保障，也缺乏对应的技术支持。上述种种因素都不利于对蒙古族大学生进行混合式教学。

（2）教师的教学理念和能力问题

在混合式教学活动中，教师是其中的关键，教师的能力和理念也会对混合式教学模式产生直接影响，而目前高校英语教师在这一方面的理念和能力还有待提高。

从理念方面来看，教师的各类实践活动都是在理念的支配下来进行。目前，很多高校英语教师对于混合式教学的概念和特征不够了解，没有在头脑中形成系统、清晰的认识，教师对于混合式教学的了解更多的是通过自主学习。由于学校方面未系统地开展对应的讲座和培训，导致教师缺乏完整、系统的认识。同时，教师参与混合式教学的改革观念不够强，多数教师对混合式教学的改革处于被动状态，缺乏深入思考和实践的意识，原有的英语教学理念固化，传统教育思维占据上风，由此也可以解释，在推行混合式教学过程中，为什么教师还是习惯沿用传统的讲授法，其根本原因就是因为教师的改革积极性不高。

从能力方面来看，混合式教学的难度要远远高于传统教学模式，部分英语教师的混合式教学能力不足，制约其混合式教学的开展，比如，缺乏网络资源搜索和整合的能力、信息化教学能力不足等等。总体来看，高校英语教师的混合式教学还处在初步推广阶段，即教师在理念上已经初步对混合式教学有了初步的认识，也有了实施意愿，但是对混合式教学的信心存在怀疑，自身的能力也还有待提升。

（3）蒙古族大学生的发展特点和习惯影响混合式教学

混合式教学要求学生按照要求完成线上自主预习，这是提高混合式教学质量的一个关键。教师会在课前为学生布置任务，通过文本、视频的方式呈现给学生，为学生的课前自由学习提供了较大空间。但是学生的课前预习也会受到自身自主学习能力、学习习惯的影响，而蒙古族大学生在这一方面还存在不足：

第一，自控力相对较弱。蒙古族大学生进入大学之后，不少学生开始追求个性发展，表现为自我控制力不够强、意志力相对薄弱、自觉性相对较差。他们会花费大量时间用于交友、游戏、刷剧等方面，投入学习的时间和精力不够。部分学生还存在这样的思想，在经历了中学6年之后，到了大学终于可以放松了，于是对待学习比较放松。由于其自觉性和自控力相对较弱，针对英语教师布置的课前预习任务，常常没有按照要求完成，这会极大地影响混合式教学的应用质量。

第二，主体意识和能力不足。混合式教学强调学生的主体地位，为蒙古族大学生的主体意识和能力发展提供了更多的自由空间，但是也对学生的自觉性提出了更高的要求。从教学实践来看，蒙古族大学生在课堂上很少主动质疑和提问，与教师的互动频率也较低，究其原因，还是因为蒙古族大学生的主体意识较弱。他们习惯按部就班地跟随教师节奏来接收信息，没有及时转变自己的学习观念，轻视了自身的主体能力，很少开展自我探索，学习主体性自然难以得到发挥❶。而教师由于担心自主探究、合作式教学的应用会不太容易组织，因此选择用讲授式的教学模式来代替，由此就会出现恶性循环。

第三，英语学习习惯不理想。学习习惯也是影响混合式教学质量的一个重要因素。部分蒙古族大学生在英语方面缺乏良好的学习习惯，尽管他们在中学阶段已经学习过多年英语，但是养成主动预习的好习惯还不够，自觉性也相对一般。由于学习的效果不佳，必然会影响教学的质量，"以学定教"的理念自然无法顺利得到落实，因此，在混合式教学的实施过程中，英语教师要采用科学的教学手段和活动来提高蒙古族大学生的积极性。

（三）针对蒙古族大学生开展混合式教学的策略

1. 设计原则

第一，系统性原则。在混合式教学中，首先要遵循系统性原则，着眼于英语教学的整个环节，充分考虑到系统的各个角度以及各个元素的意义和相互之间的联系，来提高设计质量。系统性原则还要求关注所传授学习内容的系统性。有时候，英语学科的知识点存在碎片化特点，为了提高混合式教学的应用质量，在教学时，需要将各类知识点有效串联，以提高学生的学习质量。

第二，主体性原则。在英语课堂上，学生是重要的主体，也是知识的获得者，学生的参与性和主动性与英语教学质量息息相关。在混合式教学设计中，需要时刻遵循学生的中心地位，课前备课，充分了解学生的学情，课堂上将学习活动交还给学生，通过问题来引导学生主动思考，生成和展示答案，课后通过过程性评价和总结性评价结合的方式帮助学生巩固所学内容。思维的发展是一种较深层次的心理活动，教师不能替代学生，因此，在混合式教学中，必须要彰显出学生的主观能动性，教师则是监督者、引导者的角色，不能喧宾夺主。

第三，教师主导原则。尊重学生的主体地位，提高学生的参与积极性并不是要削弱教师作用，相反，在课堂上教师起的作用比传统课堂的作用要更大。如果说课堂是一艘船，那么教师就是"舵手"。没有教师的掌舵，这艘船就无法前进。蒙古族大学生的自制

---

❶ 童成乾，朱敏兰：《蒙古族大学生人格特征分析》，《青海民族学院学报》（社会科学版）2008年第34期。

力相对较弱，如果在课堂学习中出现思想抛锚等问题，教师就要及时引导学生走入正轨。同时，学生的知识面相对较窄。如果学生分析问题时出现困难，需要教师的及时点拨，帮助学生答疑解惑，因此，在混合式教学中应当以学生为主体、教师为主导。

2. 针对蒙古族大学生开展混合式教学的策略——以写作环节为例

在英语学习中，写作占据着较高比例，但是长期以来，写作学习却一直未得到应有的重视。从蒙古族大学生的写作学习状态来看，不少学生都存在畏难情绪，未认识到写作在英语学习中的价值。在一些重要的考试中，作文得分不理想。学生的写作学习主要存在三个问题：一是学习方法上，学生习惯突击性、临时性的写作学习。他们多将学习时间投入单词和阅读中，除了教师布置的任务外，平时很少主动进行写作练习。在这种模式下，学生未将知识进行内化和吸收，难以写出优质的作文；二是在写作时，学生经常会出现词汇匮乏、句型变化单一、语法知识薄弱和逻辑混乱等问题。由于词汇量不够，在写作时经常使用简单的初中、高中词汇，偶尔使用难度较高的词汇，拼写错误、搭配不当和词性应用混乱等问题时常出现。因为语法知识不过关，写作中常常出现"中式英语"，作文思路不清晰，句子和句子不连贯或衔接不当等问题；三是课后练习中，即便是对写作感兴趣的学生依然不知道如何开展，不能对自己的写作行为进行有效的安排和监控，也缺乏深度的分析和思考，对写作技能的提升效果不大。

《大学英语教学指南》对学生阅读能力作出了以下要求，具体包括三个层次：基本要求是在30分钟内可以完成一篇120字左右的短文，可完成一般难度的写作任务；较高要求是在30分钟内完成160字左右的短文，可表达一般主题，能够完成与专业内容相关的小论文；更高要求是可撰写出主题清晰的文章，可写出简短的论文与英文报告。基于上述要求，在混合式写作课堂的设计上，要根据学情制定教学目标开展教学，改变传统意义上以"教师"为中心的局面，以"学生"为中心，发挥出教师的知识引导者和传递者的作用，引导学生主动完成课前学习。

（1）明确教学目标

要确保写作教学活动顺利开展，首先，就必须要有明确的目标。在制定目标时，需考虑到学生写作能力的培养要求，结合知识掌握与技能培养、学习过程与学习方法、情感态度与价值观等相关联的方面来明确具体的写作教学目标。在知识与技能目标上，要求学生在观看慕课后，获取对应的资料，按照资料要求来完成写作，可以进行独立的写作练习，锻炼自身的写作基础能力；在过程与方法上，引导学生通过慕课的学习，了解写作环节的各个要点，强化学生的认知能力，使之可以做到知其然，又知其所以然；在情感态度与价值观目标上，应当借助慕课，让学生体会到英语写作的乐趣，改变对写作的刻板印象，从而让学生从"让我写"转化为"我要写"。

（2）写作准备

第一，慕课准备。在混合式教学活动中，慕课是重点也是亮点。在选择慕课知识点时，要遵循学生为中心原则，根据《课程指南》的要求与学生学习情况来明确教学内容，突出教学重点和难点。根据学生在写作中常常出现的问题，可将慕课知识点划分为词汇、句子和段落篇章几个层面。写作造句部分，要求学生遵循多样性、完整性原则，避免重复、免冗、悬垂修饰语等内容；在段落篇章上坚持完整、连贯性原则，把握好四个要点：主题句的确定、扩展句的注意事项、结论句的着力点和段落的衔接。

第二，任务单设计。任务单是教学设计的一个重点资料，也是二次备课的着力点。一是学生将课前学习的难点、疑点知识记录下来，以便在课堂上交流、讨论；二是通过查阅任务单，教师可了解学生的预习情况，在课堂上做到有的放矢。任务单的设计应包括学习目标、学习形式告知、学习资料、学习要点提示和学习内容建议等。

（3）课前预习

要求学生对照任务单，根据慕课内容来完成课前预习。学生可登录慕课平台进行预习，自主完成对应的测试题，将疑点和难点记录在任务单中，供后续交流使用。在学生自主学习的过程中，教师扮演好引导者角色，帮助学生知晓如何完成混合式学习，提高学生的自主学习能力。课前预习对于学生的自主学习能力提出了更高要求，因此，在日常的英语教学中，教师要为学生提供正确指引，帮助学生掌握科学的自主学习方法，以此来提升预习成效。

（4）教学实施

在课堂教学方面：课前，学生需对照任务单完成预习。课中，教师就学生在预习中的疑难问题做出解释，并根据学生兴趣点和答疑结果提出具体的写作主题，由学生协商讨论后自主选择。在这一过程中，要充分调动学生的主动性，尽可能放手给学生，让学生自主选择主题。确定好主题后，明确写作思路，利用工具查找资源，通过慕课平台发起主题讨论、交流答疑、素材补充等。最后，教师布置作业，并进行师生合作评价。在评价环节中，为了引导学生主动表达想法，可将学生的作品拍摄投放出来，邀请学生上讲台来介绍自己的写作心路历程，其他同学可充当小记者的角色，写作评价成为了一场小型的记者会，大家主动开动脑筋。学生看着其他同伴们的提问，自己也会主动开动脑筋，认真琢磨。教师则需根据学生的学习状态选择评价时机，组织学生开展交流和评议，引导他们将亲身经历归纳起来，进行印证。在这一评价环节，可有效锻炼学生的问题解决能力，也让学生感受到分享、拓展的魅力。

在课后训练方面：写作有着较强的自主性，是在思想构建、心理认知、语言表达下的多元素语言输出。借助云端存储，提供写作素材语料库，建设语料库云盘，学生可通过此类资源库来获取写作范文语料和写作素材语料等，通过阅读素材来完成语言输入和文化的内化，以更好地达成语言输出的目的。课后训练借助慕课平台来完成，先让学生参与网络仿写，再逐步开展独立写作。比如，在学生学习了简历的写作知识、背景和格式要求后，要求学生在课后写出完整的英文简历，上传至平台，教师选择典型样本进行修改，一稿完成后进行同伴互评，二稿完成后，再进行大班综合评价。最后，教师给出总结性反馈意见，学生写出反思日志。对于学有余力的学生，可邀请他们参与继续练习，比如，为自己的偶像写一份简历或者求职信，还可拓展面试礼仪知识等，以提升学生理解。另外，还可让学生模仿各类典型语篇，帮助他们拓展写作思路，更好地汲取信息。在慕课支持下的混合式教学中，学生在课前预习，教师在课堂上提供指导，学生在课后利用慕课平台来仿写、练习，再逐步过渡到独立写作环节，这充分符合"格式塔"的心理认知模式，可让不同层次学生都能在现有水平上得到提升。

（5）教学评价

在教学评价上，要采用形成性评价模式，这一模式摆脱了传统教学对教师的过度依赖，让评价活动更加便捷和及时，有效地锻炼了学生的交往和沟通能力，帮助学生顺利达成知识的建构。另外，为了促进学生的发展，还可以为每位学生建立个人写作档案袋云盘，将每一个阶段的写作内容上传至网络数据库，包括学习总结、自由写作档案和仿写内容等。档案袋云盘见证了学生的提升过程，也锻炼了学生的写作能力，为形成性评价提供了有效参考。

慕课因其特征和优势在教育领域被广泛应用，但是，在混合式教学中，教师也不能忽视传统教学模式的价值。在蒙古族大学生英语写作教学中，为了发挥慕课的价值，需关注两个要点：

第一，提升教师指导能力。对于教师而言，要持续提升自我，及时转变教学角色，借助信息技术打破时空限制，促进教学模式的改革发展，只有这样，才能让学生积极主动地投入到写作活动中。同时，在混合式学习模式的支持下，在丰富慕课学习资源中增加与蒙古族大学生日常生活、文化传统、思维方式相关联的内容，提升学生写作的兴趣和写作教学的有效性。如果慕课资源太多或太难，与学生的关联度太低，都会让学生产生厌倦感，逐渐对线上学习丧失兴趣，最终违背了混合式教学模式的应用初衷。因此，教师要制定出详实的教学计划，科学安排学习内容及线上、线下教学时间，根据学生特点、写作内容使用相应的教学策略。

第二，要避免喧宾夺主。混合式学习兼顾线上教学和传统教学的优势，慕课作为写作教学的延伸可显著优化写作课堂，但是在写作教学中，还是要以课堂教学为主。如果教学形式过于花哨、复杂，会导致学生注意力分散，影响知识的消化和吸收，最终反而会加大教师的工作量。线上学习无法取代课堂教学，教师的教学组织是关键，无论慕课资源多么的丰富，教师也要根据蒙古族大学生英语学习中的弱点及时跟进和讲解，全方位考查学生对于语用技能、语言知识、交际技巧的掌握。

三、应用任务型教学法

（一）任务型教学法的概念

1. 任务型教学法的兴起

20世纪80年代，任务型教学法开始出现。这种教学模式与两个新型教学方法相关联，它们分别是交际教学法和N.S.Prabhu的班加罗尔项目。20世纪70年代开始，欧洲经济共同体成立，各个国家之间的交流也变得日益频繁。在交流活动中，语言成为了各国交流的重要障碍，也影响着欧洲一体化进程的发展。因此，基于现实诉求，急需探索一种有助于培育学生综合交际能力的语言教学法，而传统的听说教学法也遭到了语言学家们的批评。之后，交际法开始逐步取代传统听说法的地位❶。当时的学界认为，语言结构应当强调语言的社会功能。在语言教学中，需要重点关注学生语言理解能力、沟通思想能力、表达能力、创造性使用语言能力，而不能是单纯地关注语言，其教学目标是提高学生的交际能力。传统的交际教学法尽管有利于学生交际能力、语言流利性的培养，但是却忽视了学生能力的培育。任务型教学法就弥补了传统交际法的不足，是一种全新的语言教学形态。

1979—1983年，英籍印度语言学家N.S.Prabhu在其执教的印度班中推行了任务型教学法，1982年，他撰写提出了教学报告，引起了学界的广泛兴趣，但同时也有学者对其报告进行批评，但是不容忽视的是，任务型教学法具有一定的效果。但由于当时历史的限制，任务型教学法并没有得以广泛推行，直至20世纪90年代，任务型教学法才重回研究视野。

2. 任务型教学法的内涵

所谓任务型教学法，就是根据特定的语言情境来设置具体教学任务，让学生使用语言进行交际，在任务中习得语言。任务型教学法的关键是任务设置，为了更好地将任务型教学法应用在英语教学中，就必须要明确任务的准确含义。任务就是日常生活、工作中的各种具体活动。通常情况下，任务型教学法中任务的设置是以现实世界作为参照，根据任务的相似程度，又可以划分为教育性任务和目标性任务。从学界的研究来看，多数学者认为任务需要满足五个标准：一是任务应当具有非常明确的目的；二是任务型教学法应当是涉及学生理解语言应用的一种活动；三是任务与生活交际具有密切相连，是

---

❶ 朱文欣：《英语任务型教学之"任务"详述》，《当代教育论坛》2009年第4期。

交际活动的再现；四是任务是为了完成某种事情与目的开展的交际活动；五是任务是一个完整的交际。因此，在英语教学中使用任务型教学法，就是把任务分成学习、生活、工作等类别，通过课堂教学的方式让学生完成这任务，从而分解教学目标为真实的任务，通过这种方法来培养学生的英语应用能力。使用任务型教学法时，具体任务是实施教学的载体，将知识、技能融合起来，利用听、说、读、写、译等一系列的活动让学生应用语言来交流，从而实现做中学、学中做。

3. 任务型教学法的特征分析

对于任务型教学法的特征，学界也进行了总结。根据纽南的定义，任务型教学法共有五个特征：一是提供具有价值并且真实的育人材料；二是可以让学生应用语言；三是任务能够激活学生参与兴趣；四是关注语言形式；五是不同阶段有不同的侧重点。在英语教学中使用任务型教学法时，需要遵循的原则包括过程性原则、互动性原则、真实性原则、学生主体性原则以及课堂语言学习、课外语言应用相关性的原则。

（二）任务型教学法在蒙古族大学生英语教学应用中的现实意义

如今，任务型教学法已经被广大语言学家认可与接受，这种教学模式把教学内容分解成一系列的任务，学生通过完成任务，参与互动式学习、体验、交流等形式发展自我认知能力，可以有效调动起他们的主观能动性。英语课程本身就具有很强的综合性，对学生的听、说、读、写、译能力都有较高要求，并且大学英语也更加重视学生在真实环境中的语言应用能力，因此，比之传统的讲授法，任务型教学法在蒙古族大学生的英语教学中具有明显优势。

第一，可以促进传统英语课堂教学模式的改革。利用任务型教学法能够激发出蒙古族大学生学习英语的兴趣，使英语课堂以学生为中心，做到组织学生在"做中学"，以合作的方式完成任务，从而产生较强的团队归属感和学习自信心，和单独思考和学习相比，更具乐趣。这种以小组合作的方式鼓励良性竞争，使学生更具成就感、自豪感和荣誉感，减轻了单独学习时由于个人竞争失败而产生的自卑心理。

第二，任务型教学法给学生提供了更多的机会去锻炼语言实践能力。是在克拉申的监控理论、乔姆斯基的普遍语法理论基础上产生，强调语言输出和输入的同时训练，能够为学生带来丰富的信息源，创造更多的语言输出机会。蒙古族大学生的英语基础普遍相对较弱，在传统英语课堂上，教师一节课时间大约会用30分钟左右来讲解新课，5~10分钟提问，留给学生自主训练的时间很少，导致学生语言的应用不够流畅。在任务型教学模式中，教师能够为学生提供真实交际环境，学生在完成任务的过程中需要使用语言知识来交流，更有助于提高蒙古族大学生的语言实践能力。

第三，能够改善师生之间的关系。在传统的英语课堂中，教师是主导角色，教师讲解、学生被动听讲，师生之间的关系是简单的组织者和被组织者的关系。应用任务型教学法之后，改变了师生之间的角色，教师和学生之间不再是从属关系，教师成为了指导者和监督者，学生则能够成为参与者、研究者，有的情况下还能够成为英语课堂的合作决策者，师生之间的对话次数也显著增多，有效改变了他们的关系❶。

（三）蒙古族大学生英语任务型教学法应用效果的影响因素

1. 任务的设置

（1）任务类型

根据蒙古族大学生的英语学习需求，任务型教学法的任务分为真实性任务、学习性任务两类，任务设置倡导真实性和现实性，要求发挥出任务对语言学习的促进作用。所谓真实性任务，就是接近学生日常生活的各种任务，比如打电话、看医生、问路等，真实性任务是为了让学生在真实场景中完成交际；学习性任务一般不会在课堂之外发生，是在课堂上用作任务供学生完成学习设计的。真实性任务、学习性任务之间并无明显的区分，有时，真实性任务中也有一些不太真实的成分，学习性任务中也有真实的成分，只要满足教学需求即可。

（2）任务难易程度

任务的难易程度也会影响任务型教学法的应用效果。影响任务难易程度的因素分为语言因素和非语言因素两类，语言因素包括语音、语调、语速、语言难度等；非语言因素指的是学生的自身因素，如学习动机、学习兴趣和认知水平。非语言因素还包括教师的因素，如教师的教学风格、授课方式、知识结构、所使用的任务材料难度等。比如在听力教学中，任务教学法的效果会受到语言因素的影响，同时也会受到其他非语言因素的影响，比如学生的动机、注意力、对主题和知识的理解情况、学习兴趣等，因此，影响英语任务型教学法的因素非常多样，教师需要根据蒙古族大学生的实际情况来综合分析，合理控制好任务难度，使任务能够达到最佳成效。

2. 学生的因素

（1）学习动机和学习态度

影响学生完成任务的因素非常多，其中，学习动机和学习态度是最为关键的一个部分。良好的动机、积极向上的态度能够让学生饶有兴趣地完成任务，体会任务过程的满足和欢乐。但是，蒙古族大学生的英语整体水平普遍相对低一些，学生对英语学习相对缺乏动机，因此，在任务型教学法中，教师需要综合借助图片、录像、录音等方式为学生设置真实任务，以激发学生兴趣。当然，外部动机也不容忽视。常见的外部动机就是

---

❶ 袁玲玲：《论英语任务型教学及其任务设计》，《外国中小学教育》2006年第11期。

教师对学生的赞许和认可，得到赞许能够满足学生的社交需求，使他们产生满足感，因此，在组织任务型教学法时，需要让每个学生都有被尊重、被承认的感觉。

（2）学生的主体性

在传统高校英语教学活动中，教师是指挥者，也是主角，而任务型教学法中学生则是主角。当学生试图通过努力来完成任务时，就会调动起学生原有的知识和认知。因此，在应用任务型教学法时，必须要以学生为中心，从学生的角度来设置任务，教师要教给学生正确的方法和技巧，并适当参与学生的任务，控制好任务课堂，避免课堂变得散乱。还要给蒙古族大学生足够的实践机会，让他们能够有自我发展空间，形成良性循环，使蒙古族大学生成为自己学习的主人。

3. 教师的因素

（1）教师的角色

以往的英语教学强调精讲多练，教师更多关注学生的考试成绩，注重语言知识的传授，没有充分关注到学生的思维能力是否得到了发展，学生是否进行了足够的情感投入，学生的自主能力和个性是否得到了发挥，师生之间合作学习的机会很少。在任务型教学模式中，教师是一种桥梁和媒介的角色，也是学生学习活动中的伙伴。教师要有效组织课堂，把实践机会留给学生，提供给学生更多的自我发展空间。在组织任务型教学法时，教师需要花费较多精力设计任务、组织课堂，不仅要从蒙古族大学生的兴趣点出发，还要在确定任务时充分考虑这一群体的年龄、态度、性格、特点，这些都要通过与学生的接触中获得信息。同时，教师要时刻关注任务的难易度。如果任务过难，容易影响学生的积极性；如果任务过于容易，达不到锻炼的目的。教师要能够根据蒙古族大学生的层次水平和需求设置具有挑战性的任务，使任务型教学法中的学习任务不仅是课堂上的任务，还可延伸到课堂之外，这也要求教师用强烈的责任心来认真对待。

（2）教师的知识水平

任务型教学法对于教师的语言应用能力、语言知识水平和综合素质都有了全新要求。一方面，教师要具有精湛的专业知识，除了要理解语言知识外，还需要具备语言应用能力；另一方面，教师要有广博的其他学科知识，比如知晓如何谈判、怎样辩论、如何写出调查报告、如何演讲等，教师要加强学习，不断掌握新知识、新技能，才能够胜任蒙古族大学生任务型教学法的开展要求。

（四）蒙古族大学生英语教学任务型教学法的应用

1. 设计原则

（1）语言和情境的真实性

为了激发蒙古族大学生的学习积极性，在应用任务型教学法时需要保证内容的真实性、实用性，还要确保任务是可以操作的，从蒙古族大学生的兴趣、生活经验来出发，将真实语言材料引入其中，设计与学生生活相符的实际情境。在设计任务时，教师需要了解学生的兴趣点，提供真实、明确的语言信息，使学生在一种真实、自然、模拟的情境中学习语言，满足后续的发展所需。在选择活动材料时，可以通过杂志、报纸、书籍、广告、电影、电视、录像、图片、网络、电子教材等渠道，选择各类贴近生活的任务，吸引蒙古族大学生的眼球，进一步激发他们的参与热情。

（2）**阶梯性原则**

在设计任务时还需要具有层次性、阶梯性，降低任务的初始难度，通过一些转换、故事、接龙、回答、扩展等方式来达到巩固强化的目的。随着任务的进展，学生已经掌握了一定的语言知识结构，此时，就可以组织辩论、角色扮演、采访、叙事、讨论等高级形式，使学生在真实的情境中锻炼语言综合能力。但是也要注意到，在每个任务的应用上要合理分配时间，防止前面活动挤压后续时间，让后续时间仓促，影响最终成果。同时，在设计任务时，还要关注蒙古族大学生之间的差异，做到分层教学、因材施教。鉴于当前的应试制度，蒙古族大学生生源存在较大的差别，语言能力也有一些不同，在设计任务型教学时，需要通过多元化、多渠道的任务兼顾到各个层次学生的需求，不能使暂时落后的学生接受不了，加重其心理负担，也不能使优秀的学生"吃不饱"，应当充分挖掘其潜力，避免搞"一刀切"，要尊重学生之间的差异，根据每位学生的特长、英语能力来合理分配任务。对于英语基础较差的学生，可以适当降低要求，只要参与即可，不会说可以先记录别人的观点；如果不会写单词，可以询问其他同学或者查阅字典；如果听不懂可以先从简单的价格、日期等着手，再逐步跟进。对于优秀生，则鼓励他们一丝不苟地完成每个任务，这样才能让每个学生在任务中体现自身的价值。

（3）**学生主体、教师主导原则**

完整的大学英语教学活动应当是学生学习、教师教学之间的深度结合。在蒙古族大学生的任务型教学方案设计上，需要致力于培育学生的语言应用能力，任务选材需要与学生认知水平、心理特征、生活经验相符，并与教学内容结合，创造性地设置出贴近学生实际情况的任务活动，让学生可以产生共鸣。教师在其中的角色是协调者和组织者，需要为学生甄选新的句型、词汇、对话方式，指导学生解决任务中的难题，由教师予以指导，用愉悦、轻松的课堂氛围调动学生参与兴趣，能够由学生完成的任务，教师要避免代劳，不能过于干预学生，否则就会陷入教师主导的困境。

（4）**学与用结合原则**

任务型教学的一项基本内涵就是将学生的被动接收转化为主动参与。在教学活动中，需要注重语言输出和交际能力的培养，通过科学的任务设计让学生能够掌握新知，再将所学知识融会贯通起来，最终为现实生活来服务。比如，在模拟商务交际情景的任务设置中，可以为学生提供模拟讨论会，用市场报告等多种方式来展示任务成果，以此来丰富课堂教学活动。

2. 应用方式

（1）任务的导入

任务型教学法的第一阶段是任务导入。教师提前进行任务设置，开展任务时首先借助录像、录音、图片等多元方式介绍任务，提供相关信息，从而激起学生的求知欲望，让学生能够产生兴趣。任务导入直接会影响任务型教学法的应用成果，这也是决定课堂教学成败的关键之处。在应用任务型教学法时，教师需要精心设置情境，力求做到精彩、自然，创新性地将新、旧知识搭建成桥梁，要求学生利用所学知识解决实际问题，利用精心设置的任务激活学生探究兴趣，让学生产生学习欲望。兴趣是最佳的学习动力。因此，在任务导入方面，需要以兴趣作为主要切入点，这是挖掘智力潜能的契机。

（2）任务前阶段

任务前阶段的工作内容是输入信息。此阶段任务的目的是解读任务，使学生对任务要求清晰理解，并把相关的语言知识提供给学生，激活学生的已有的旧知识，介绍任务的具体实施工作。

（3）任务执行阶段

任务型教学法最关键的内容是任务执行，同时也最具开放性。通过任务执行，让学生获得新知识，并巩固和运用新知识。教师可以基于大任务出发设置成不同的小任务，让学生以个人、小组合作的形式来完成。在分组时，需要考虑到学生的学习主动性、学习基础、性别差异，做到组内同质、组间异质。完成任务，需要倡导学生的合作沟通，运用已有的语言知识，利用每一个小组成员的优势共同来完成任务。在完成任务的过程中，教师需要管理好课堂，敦促学生以任务为核心来展开讨论，教师负责进行正确指导，随时帮助学生答疑解惑。针对学生出现的语言错误不必急于纠正，而是要倡导语言的流畅性，从认知主义角度来看待学生的错误，让他们成为具有分辨和决策能力的判断者，随着学生学习的深入，错误也会慢慢消失。

（4）任务后阶段

任务后阶段就是汇报、展示阶段。在这一阶段，由小组成员派出代表来汇报成果，展示方式可以是演讲、分角色扮演，或者举行小型辩论赛等，同时开展小组互评，也可以进行小组之间的内容补充。

（5）师生评析阶段

师生评价和分析阶段的目标是通过评价让学生精准掌握有关词汇使用、词组搭配和与任务相关的知识点。教师可以组织小组通过观看录像、听取录音等方式对同一任务的完成情况进行复盘，通过任务完成情况对比来强化所学知识。在评析阶段，教师要营造平等的氛围，鼓励学生畅所欲言，让学生可以在交流中分析、思考、对比和创新。如果发现学生群体中迸发出了新观点、新思想，要及时进行表扬和肯定，从而营造出积极探索的氛围。在每一次任务完成之后，都要给学生精准、客观的评价，注重培育学生分析问题、全面思考和解决问题的能力，关注学生的个性发展和发挥优势，同时在完成任务的过程中，学生通过应用语言来提高自己的英语水平和应用能力。在此阶段，可以将上述环节出现的错误公示，师生共同来进行评价。

（6）任务成果作业阶段

通过这一阶段，可以巩固和延伸任务型教学法的成效，教师根据本次任务为学生设置与本任务对应的书面或者口头作业，使学生完成应用所学知识的最终任务。

四、推行合作式教学法

（一）合作式教学的概念

1. 合作式教学

合作式教学于20世纪70年代在美国诞生，在此后的十余年内迅速发展，取得了突破性进展，是一种颇具创意性和实效性的教学理念。合作学习融合了教育学、认知心理学、社会心理学等理论于一体，是以小组活动为基本的教学方式，将学生划分成一个个不同的小组，小组为了完成共同的任务，大家明确责任分工，进行互助性学习❶。这种合作式教学模式可以提高学生学习成绩，改善班级社会氛围，为学生社会技能、心理品质的培养奠定基础。

合作式教学具有几个重要特征：一是异质分组。分组时需要考虑到学生在学业、能力、性别、步调、品质上的差异，以便更好地促进团队成员的发展和提高，同时帮助学习后进者获得提高；二是互帮互助。小组成员之间既尊重个人差异，又相互学习；三是既分工又合作。根据特定的规则组织小组成员进行学习，同时强调责任感和个人取得的成绩，还要鼓励和帮助小组成员；四是学习资源共享。小组成员进行资料收集，组员之间可以共享；五是建立奖励体系。重视小组的共同努力成果，也关注成员的个人成绩，在评价时多是以小组为单位来开展。

---

❶ 郭景辉：《合作式教学》，《教育界》2015年第9期。

2. 合作式教学模式的类型

随着合作式教学的发展，有关合作式教学的方法和策略研究也日益增多。综合来看，合作式教学有四种具有代表性的类型：一是师生互动的合作式教学。该种模式强调以学生为中心，要求改变师生之间不对称的问题，认为师生发展需要将学生发展作为目标，师生之间相互尊重、理解，尽量避免使用强制手段。教师需要利用各种激励性的话语来设置特定情境，让学生体会到成功的感觉和进步的快乐；二是学习小组的合作式教学。该种形式的合作式教学法要求从学生的具体特点出发，不能忽视同伴之间的相互作用，学习小组是合作式教学的核心重点，要求通过科学的目标设定和方法指导促进学生群体性、个体性之间的协调发展，目前，学习小组的合作式教学是业界应用的焦点；三是师师互动的合作式教学。这种合作模式强调由两个或两个以上的教师实施合作式教学，一起承担授课任务。在教学活动中，通过交流沟通，避免出现各自为政的问题，此类合作式教学活动能够减轻教师工作强度，提高工作质量，促进教师之间的平衡发展；四是全员互动的合作式教学。这种合作式教学是一种新型的教学理论体系，也是目前学者们研究的热点，其特点在于促进了相关教学人员的参与和互动，要求将各类动态因素综合起来，比如教师和学生、教师和教师、学生和学生之间等。全员互动的合作式教学是一种立体多维的形式，也是一种高层级的合作学习方式。

3. 合作式教学的基本要素

合作式教学属于社会准则，如何将合作学习理论更好地用于教学活动中，科学的组织至关重要。陈旧的合作式教学是将任务布置给小组之后，由小组独自承担就万事大吉。实际上，真正有效的合作式教学并不止步于此。为了更好地借助合作式教学来促进蒙古族大学生英语学习能力的发展，就必须要把握合作式教学的基本要素。目前，这一研究的代表有三因素论、四因素论和五因素论，不同学者将合作式教学的基本要素划分为不同层面，其中，最具代表性的就是五因素论。五因素论认为，合作式教学的基本要素包括五个层面：一是小组成员互信合作。小组成员之间相互依赖是前提条件，只有相互依赖才会开展相互合，通过合作共同完成某个目标，为了完成共同任务付出努力，如法国作家亚历山大·大仲马在《三个火枪手》中所言："大家为一人，一人为大家"，因此，开展合作式教学活动时，要通过各种方法来增强小组成员的相互依赖；二是促进性互动。在合作式教学中，学生要通过面对面互动来完成任务。学者们认为，面对面的互动能够帮助学生形成高质量的认知，另外，在互动时还要把握好交往规范守则，主动为落后学生提供动力和机会；三是个体责任。合作式教学还强调个体责任，每个团队成员都要努力负责自己和小组的成功，那么，如何发挥个体责任呢？首先，小组规模不能过大。小组规模在一定范围内，小组成员的责任感就越强。其次，教师在小组活动室要密切观察小组成员的行为，不指定某一个小组成员汇报，监督每一个小组成员按照角色分工完成所负责的任务；四是人际关系处理与小组技能提升。合作学习不同于竞争性学习，在竞争性学习中，学生是以个体为单位来组织小组活动、完成作业，要求学生、教师都要具备合作技能，为了完成既定任务，学生必须要认可、信任、呵护同伴，能够准确接纳同伴的支持，还可以建设性地解决问题；五是小组自评。小组自评也是合作式教学法的一个重要组成，通过评价反省进行积极反馈，以此促进小组活动有成效，让小组内部工作信息互通，建立并维护内部合作，因此，教师就要留出一定的时间给小组进行学习和反思，师生可以对小组成员表现提供评价和改进建议。

4. 合作式教学的分组原则

（1）异质分组原则

合作式教学倡导小组成员的共同帮扶、一起进步，要求发挥各个成员的专长，异质分组就是将不同层次的学生划分成一个小组，还要考虑到能力、成绩、性别、背景等多个因素。在能力方面，需要形成强弱搭配，这样能力较强的学生可以为能力较弱的学生提供帮助，落实到英语教学中，需要考虑到学生的英语能力，根据小组成员的不同优势组合起来，其目的是促进整体工作效率的提高；在成绩方面，要将成绩高、中、低三个层次的学生放置在一组；在性别方面，要合理搭配，根据心理学研究显示，大脑机能是左半球为主，右半球为辅，男性的右半脑比较发达，女性的左半脑比较发达，因此，在英语合作式教学时，需要采用男女混合的方式，一般力求比例做到1∶1，让小组成员能够从多个视角来分析问题；在背景方面，社会人际交往圈、家庭背景等都会影响学生的交流沟通能力。学校就如同一个小社会一样，在分组时可以将不同阅历、文化背景的学生划分成一组，这能够提高他们的交往能力。异质分组的最大优点就是承认每个学生的独特性，让学生能够接纳其他同学的不足，并且积极主动地帮助他人输出更多信息，但是教师需要充分了解学生的实际英语水平和能力情况以及性格特点，需要教师与学生增加沟通交流，观察学生的表现。

（2）少数原则

小组成员数量在一定范围内，才最有利于开展合作式教学，不能过多。人数过多就会减轻小组成员的个体责任，无法达到预期效果，但是人数也不能过少，如果人数过少会容易让学生的压力过大，出现倦怠情绪。小组人数宜控制在3~5人，这不管是从学生合作还是教师管理上都更具优势。

（3）适频原则

在分组完毕后，小组成员构成在一定时段内应保持相对稳定，才有利于小组成员之间建立互相信任感，形成互助关系，促进成员之间的合作。如果频繁打乱小组，就会影响合作式教学的质量。一般情况下，小组固定的最佳时间是一个学期，每个学期可以进行重组，重组频率不能太快，也不能太慢。适度的重组能够让不同阅历、不同能力的学生搭配起来，大家共同进步，还能够让学生有机会认识其他的同伴，避免形成小团体，并且时间过久，小组成员会出现某方面的相同特质，因此，需要适频地进行更新。

（4）民主和权威性原则

合作式教学的本质是以学生为主体的一种教学策略，因此在分组时必须要做到民主。首先，师生之间的地位应当是平等的，教师不应当持有传统的主导者思想，应当放弃自己的主导地位，变成学生学习的"支架"辅助学生学习。另外，对学生之间竞争性要弱化处理，对学生分类结组、开展评价不能依据分数简单化处理，把学生划分为优生、中等生和差生，而是要让学生感受到民主和平等，让他们的动机和兴趣能够保持下去。当然，民主原则要求动态管理学生。在协调学生之间的问题时，教师还应承担自己的角色灵活处理。另外，学习目标应由主持来设定。依据"摘桃子"原理，桃子的位置要适中，鼓励学生跳起来去摘桃子，但是桃子要在学生通过努力可以获得范围内。如果设置的学习目标过高，则会让学生产生挫败感而放弃努力。所以，学习目标既不能太高，也不能太低否则对学生没有挑战性。

（5）公平评价原则

合作式教学要求每个成员都能够享受到均等机会，不再采纳用分数来定位个体成绩的划分模式，而是从努力程度上和对小组整体成果的贡献度上来划分小组成员。合作式教学的本质是小组之间的竞争，也应以小组总成绩来进行评价，这样就可以确保每个小组都是平等的，没有传统意义上优生、差生的划分，这能够保护学生的自信心和自尊心，使学生对英语学习保持热情。

（二）合作式教学法在蒙古族大学生英语教学中的应用优势

1. 符合英语教学的实践性特点

大学英语教学、合作式学习都具有实践性的特点，之所以要求蒙古族大学生学习英语，其终极目标是为了帮助他们实现活学活用，而不是纸上谈兵。合作式教学在英语教学中的应用进一步突出了英语教学的实践性，彰显出教学的交互性，这也符合英语课程的特点。英语本身就是一门语言，掌握这门课程，就是为了让学生能够更好地交际和交往，利用合作式教学法可以让学生之间、师生之间产生良性互动，继而提高学生的学业成绩。另外，合作式教学法还倡导积极地互信，就是让学生组成小组，共同分析教学目标、了解同班情况，激发学生的言语交流和互动积极性，大家共同承担不同的任务，有的负责记录、有的负责检查、有的负责联络等，这都能够让学生产生互动性，符合英语课程教学的改革要求。

2. 有助于英语个性化教学的实践

当前的大学英语教学提倡引导学生发展个性化学习，兼顾优等生、中等生和后进生的不同能力和需求组织教学活动。通过合作式教学，师生通过开展师生互动、生生互动，鼓励全体成员的参与度，使全体学生都积极加入学习的过程。在蒙古族大学生群体中开展合作式教学，能够使英语教学焕发新的生机与活力，秉承"人人进步、人人参与"的教学理念，重视学生个体的努力，鼓励学生之间开展双向互动，引导学生发现问题，开展同龄评价和自我评价，建构和完善学生知识结构，防止学生出现自闭、厌学情绪，促进学生综合成绩的提高。

3. 促进顺利实现英语课程目标

蒙古族大学生群体的英语教学目标是为了提高学生的英语综合应用能力，培养学生用英语进行交际的能力，提高学生的自主学习能力，加强学生的文化素养，主要从三个方面来概括以上能力：获取英语知识能力，获得交往能力、提高综合素养。合作式教学使学生通过交流互动促进口语表达能力的提高，获取信心，能够有效地丰富英语教育生态，促进英语课程教学目标的实现。

4. 帮助学生形成良好品行

合作式教学法的三个要点就是成员互信、个体责任、合作互助，这能够强化学生的角色责任意识，使之能够同时关注个体目标和整体目标，有效避免了竞争性教学的弊端，促进学生的利己和利他观念共存，鼓励学生身心的和谐发展。

5. 有助于构建和谐的课堂学习气氛

要促进教学质量，提高教学效率，构建和谐的英语课堂至关重要，和谐课堂可以让蒙古族大学生感受到来自教师的尊重，这种良好的学生关系和师生关系对学生的学习大有裨益。合作式教学倡导学生开展小组合作，教师成为学习的助手，学生成为学习的主体，学生通过互相帮助解决问题，完成任务，改变了传统的师生关系，把学习伙伴之间的竞争关系改变为合作关系，构建了英语课堂的和谐氛围。

（三）合作式教学法在蒙古族大学生英语教学中的应用

1. 以教师为主导

合作式教学法与传统讲授式教学的最大差异是教师身份发生了变化，教师不单只是一个讲解员，还必须要明确合作式教学的真正意义，了解合作式教学的基本原则、方法、实施过程。另外，教师还需要了解蒙古族大学生的特点，以便在分组时能够兼顾到学生的语言表达能力、学习成绩、个性差异、心理素质等，促进组内成员的优势互补❶。在合

---

❶ 侯志红：《大学英语合作式教学模式探析》，《长春师范大学学报》（人文社会科学版）2015年第2期。

作式教学法应用的过程中，教师需要充当好参与者、指导者的角色，要科学分配各个小组，还要做好监督、指导和管理工作。如果说学生是"演员"，那么教师就是"导演"，因此，在合作式教学法的应用上，教师起着引领作用。

（1）明确合作目的

要想使合作式教学法卓有成效地开展，就需要让学生明确合作的目的，使合作学习活动具有责任感和方向感。教师设置问题时要从教学内容出发，设置的学习任务要具有一定难度和挑战性。各个小组成员可以利用网络、报刊、杂志、图书馆等收集资料，再将所收集资料进行汇总分析，最终完成任务。

（2）合理分工

在构建小组时，需要把握好小组的合理性，人数一般控制在4~6人。如果人数过多，会影响学生的交流和才华展示，如果人数过少，则不利于交流互助。分组形式也非常多，具体可以根据教学要求来决定，比如，可以划分为兴趣活动小组、临时活动小组和基本活动小组等，兴趣活动小组是由学生根据兴趣爱好自行编排而成，如趣味知识组、歌曲组、板报组、竞赛组、短剧组、写作组、翻译组等；临时活动小组即根据授课变化要求学生临时组成小组，如听力训练组、角色表演组、辩论小组、分组讨论等；基本活动小组则是由固定的人员来搭配，一般用于日常话题讨论。

（3）设置情境

从建构主义思想来看，在知识教育学习中，灵活性、情境性、主动参与这三个要素是必不可少的，而有效地知识学习是学生根据某些学习情境在同伴支持和教师帮助下，借助相关学习材料，完成意义建构来获取知识。在应用合作式教学法时，教师要擅长为学生提供真实的学习情境，利用情境帮助学生复习、巩固已有知识，构建新知识。情境的创设对教师提出了更高要求，教师要擅长根据不同的课程和能力内容来选择训练内容，使学生能够融入到英语学习环境中，比如，在朗读和口语教学活动上，可以推行"找伙伴"的小组方式，这种方式简单易行，效果也十分理想。

2. 提高学生参与度

（1）加强英语学法指导

很多蒙古族大学生并没有掌握科学的英语学习策略，特别是在交际活动中，究其原因，与当前我国的考试体系有着密切关系。长期以来，学生从教材中获取的英语知识主要是为了应对各种考试，而这类考试只是侧重于考查语言知识，并不注重语言能力和交际能力。因此，在开展合作式教学之前，需要加强对学生的学法指导，通过讲座等方式让他们掌握合作的具体方法，使学生能够有意识地控制合作学习策略，如此，才能够让学生顺利完成合作学习任务。

（2）培育学习兴趣与合作意识

根据教育心理学理论，兴趣是一种心理倾向，促使个体认识和探究事物。英语学习兴趣表现为学生主动探究英语知识的倾向，这会对学生的学习成果产生重要影响。在实施合作式教学时，应当提前培育学生的英语学习兴趣，营造良好的学习氛围，鼓励小组之间的良性竞争，兴趣是最佳的老师，在学生有兴趣之后，就自然产生了合作的欲望。

（3）合理分配合作小组

在针对少数民族的英语教学活动中，应当将学生作为活动的中心，教师要帮助学生合理分组，只有小组分配合理，学生的表现欲望才能提升，在接收到教师布置的任务时，他们会想方设法地完成，不甘落于人后。在主动参与的过程中，学生的英语学习热情自然被调动起来，在课堂中，对于师生双方都是一种享受。

（4）提高搭班合作式教学质量

如果班级人数过多，会限制合作式教学的顺利进行。当前倡导蒙古族大学生的自主合作和探究学习，但是在高校的逐年扩招下，班级人数也在持续增加。班级人数过多，合作式教学之间也逐渐出现了矛盾，针对当前的大班教学情况，可以将同桌、前后桌组成小组。对于难度较高的话题，可以安排学生参与戏剧表演、角色表演和课堂讨论等，这种练习非常具有趣味性，也较适合大班的情况。还可以推行线上英语教学模式，这要求教师为学生创设自主学习环境，激发学生的表达和交流能力，关注对学生学习活动的监控和评价❶。

3.丰富合作式教学的具体方法

就当前来看，合作式教学法在高校英语教学中的应用还稍显滞后，英语教学也普遍出现了重知识讲授轻能力培养的问题。由此也导致蒙古族大学生对英语学习丧失了兴趣，在开展合作式教学时，需要善用方法，尽可能用趣味、多元的教学方法来提高学生的参与兴趣。

（1）组织小组讨论

小组讨论可以调动学生的积极性，也能让学生从不同角度分析同一信息，从而锻炼学生的思维能力。要参照教材内容来组织小组讨论，精心设计讨论话题，讨论话题也要接近学生的生活，让学生有话可说。讨论时可由小组成员轮流发言，小组组长负责记录，讨论结束后任意抽选一个小组来汇报讨论内容，其他小组负责补充，也可以进行质疑和评价，如此，使全班学生的创造力和学习潜力都可以得到很好的发挥。

（2）开展合作练习

---

❶ 段于兰：《对大学英语合作学习教学的反思》，《佳木斯教育学院学报》2012年第2期。

教师利用小故事、笑话等，在课前请学生做简短的英文报告，通过这些活动调动学生兴趣，久而久之，也能够帮助他们克服对于英语的胆怯心理，锻炼学生的听说能力。

（3）组织角色扮演

角色扮演就是通过选择话题、确定角色的方式让学生处于社会情境中，与不同的对象打交道，帮助学生知晓怎样得体地使用语言。在进行角色扮演时，要面向全体学生，特别是要关注到英语基础水平较为薄弱的学生，为他们精心安排角色。角色扮演法营造的轻松氛围很快就能缓解学生的紧张情绪，帮助他们克服英语学习的心理障碍，调动其学习的积极性。

（4）戏剧表演

戏剧表演可以在阅读课堂上进行，由教师根据阅读文本的题材布置预习任务，要求学生完成作者信息的收集、角色的复述、剧情的再现和创作，在课堂上检查小组的准备情况，由小组成员自行编写短句。这种合作方式颇具灵活性，可有效调动学生的创造力，在准备过程中，学生需要通过多渠道查阅资料，收集完资料后还要改编课文、准备道具、分配角色以及进行表演。

（5）课堂辩论

通过辩论有助于帮助学生构建新知识，锻炼学生的抽象思维、形象思维和创造性思维，在课堂上，可以有意识地以教学内容作为基点来创设，有助于课堂辩论、小组交流的情境和语境，鼓励学生大胆发言。

（6）小组调查

小组调查也是深受学生欢迎的合作式教学法，由学生在课外调查收集资料，在课堂上展示成果。针对蒙古族大学生，可以设置一些他们感兴趣的话题，如民族文化、生活习惯和婚嫁习俗等来源于他们独特生活的主题，安排学生开展小组调查，从而激发学生对自己民族文化的敏感性和自豪感，同时让更多的学生了解他们独特的文化特色，增进学生之间的了解，构建中华民族共同体意识，加强各民族之间的文化融合。

当今，公共外语教学研究取得了更深层次的发展，各种新型的教学模式和教学方法不断涌现。成果导向教育（Outcome-Based Education，OBE）、产向导出法（Production-Oriented Approach，POA）、内容依托教学（Content-Based Instruction，CBI）等新的理论和教学方法层出不穷，为各种学科的教学实施提供了新思路和新途径。这里讨论的跨文化交际教学法、混合式教学法、任务型教学法和合作式教学法，仅仅是众多丰富教学法中的几个案例。从事外语教学的教师可以根据少数民族大学生的具体特征进行筛选，也可以同时把几种教学法有机结合开展教学，收到事半功倍的效果，真正为少数民族大学生的英语学习提供精准的支架，助力学生的全面发展。

第六章　充分开发学生多元智能，激活学习内生动力

科学研究表明，人的智能是多元化的。根据每个人的不同智能，每个人都有适合自己的学习方式，都有自己的优势智力领域。在英语教学中，要针对少数民族大学生的智能类型，开发学生各种智能，并为其提供展现智能的机会，使学生能够扬长避短，从而充分彰显出每个人的个性，达到英语教育的育人目标。

一、关注学生多元智能

（一）关于多元智能的简介

基于对不同对象脑与智能研究的成果，美国发展心理学家霍华德·加德纳教授提出了著名的多元智能理论。他认为智力分为三个方面：一是智力指在某个单元文化环境中或多元文化环境中所形成的解决问题，并能够创造一定价值的能力；二是智力是一套能力，使人们能够解决生活中的各种问题；三是智力是人们在发现新问题或寻找解决问题的方法中能够不断积累新知识的能力。根据多元智能理论，人的智能表现出了普遍性、发展性、差异性的特点❶。加德纳还提出，人的智能是多元化的，具体表现在八个方面：

第一，语言文字智能。语言文字智能即用语言思维、语言表达和欣赏的能力，通俗而言，就是使用口头和书面语言的能力。具有较强语言文字智能的学生更加擅长阅读、写作和讨论，可掌握大量词汇。演说家、小说家、诗人、民间故事家、主持人等都具有较发达的语言文字智能。

第二，数理—逻辑智能。数理—逻辑智能即可以利用数字和推理进行计算、思考、假设、运算的能力。具备数理逻辑智能的个体能够清晰考虑问题，具有强烈的探索欲望，代表性的如科学家、数学家、物理学家、天文学家、统计学家等。

第三，视觉空间智能。指对形状、色彩、空间、位置表达的一种能力，具备了视觉

---

❶ 王斌儒：《多元智能理论与传统教育评价》，《科学咨询》2023年第1期。

空间智能的个体可以在自己的空间中自由驰骋，还能创造性地解释各类图形信息，如摄影师、画家、雕塑家、建筑师等。

第四，身体运动智能。这种智能是巧妙操纵物体和调整身体的技能，拥有此技能的人善于用身体来表达内心感受，其运动与舞蹈技能较强，动手能力、身体平衡力、协调力也较强，如运动员、舞蹈家、演员等。

第五，音乐韵律智能。这是个体感知音律、音调、节奏、旋律和音色的一种能力，拥有此类智能的人他们对于旋律和节奏比较敏感，非常擅长学习音乐，典型的例子如作曲家、音乐爱好者、演唱家等。

第六，人际关系智能。该种智能即理解他人并与他人交往的能力，拥有良好的人际关系智能者能够迅速领悟他人的动作、心思，可站在他人的立场上分析、思考问题，典型的例子如外交家、宗教领袖、政治家、心理咨询专家等。

第七，自我认识智能。这种智能是了解、约束和辨别自己与他人不同之处的能力，他们擅长分辨自己的心理状态，能够了解自己的长处和不足，具有主见，代表性的如自传体小说家、神职人员等。

第八，自然观察者智能。即擅长观察自然中的各种形态或者洞察自然的一种能力，如生态学家、植物学家、猎人等。

（二）多元智能的提出意义

多元智能理论提出有几个重要意义。根据多元智能理论，每个人的智能都是多元化的，每种智能所达到的水平不一样，但是通过教育和引导即可得到有效地锻炼。落实到教育领域中，没有笨学生，每个学生都是独立的个体，依据他们所拥有的智能，每个人的发展方向和学习方式都有所有不同。根据智能整合理论，智力并不是简单的一种能力，而是多种能力的组合。从加德纳的理论来看，人至少有八种独立的智能，这八种智能可以通过不同的组合形式来存在，因此，在教育领域中也需要采用多种手段来丰富教育内容，帮助学生学习知识、积累经验和提升能力，实现自我完善和提高。根据学生观理论，适合每个人的学习方式都各具特色，都存在智力优势领域，从教育的角度来看，每个学生都有实现自我完善的可能，因此，在教学时，需要在开发学生各种智能的基础上为其提供展现智能的机会，使学生能够扬长避短，从而充分彰显出每个人的个性。

（三）运用多元智能理论，开展蒙古族大学生英语教学的必要性与可行性

1. 必要性

在英语以及其他学科领域，受斯皮尔曼智力"二因素说"的影响，我国教育对学生的语言智能和逻辑数学智能关注较多，而对学生其他类型的智能关注不够。在涉及蒙古族大学生的英语教学上，教师往往忽略学生智能的多元化特征，习惯在英语教学活动中

运用单一模式，注重传授语言知识而不够重视学生其他能力的培养，没有注意到英语教学的情景性、发展性和整体性，同时也忽略了蒙古族大学生的独特性。培育学生的多元智能实际上就是素质教育的过程，英语是素质教育的重要阵地，关乎学生听、说、读、写、译的培养。基于多元智能来开展英语教学，能够丰富活动形式、激活学生兴趣、提高学习质量。在当前针对蒙古族大学生提供的英语教学中存在着"全部施行素质教育""附加式"的教育误区，课堂教学和素质教育之间脱节问题十分严重，也就导致蒙古族大学生对于英语学习并不感兴趣。充分运用多元智能理论，改革英语教学，能够促进教学质量提高，改善学习成效，同时推进素质教育，因此，利用多元智能理论来指导蒙古族大学生的英语教学是十分必要的。

2. 可行性

从加德纳的多元智能理论角度来看，每个人都拥有潜在的智能，可以说每个孩子都是潜在的天才，只是其表现形式各有不同，因此，实施教育的活动中，要根据学生的特点因不同的方式来差异对待，开发学生的不同智能，要以动态的眼光、发展的态度来对待学生的智能。在英语教学中，教师要意识到即便是蒙古族大学生暂时没有表现出英语语言天赋，也并不意味着他们学习英语语言的能力不够。人的智能十分复杂，并且同时存在，教师需要努力调动、发现学生的各种智能，才能通过教学活动让学生收获最大。多元智能理论启示我们，教育要以人为本，尊重每个人的个体情况、重视人。近些年来，对于多元智能理论的相关研究很多，美国、澳大利亚等国开展了关于多元智能理论的探索和实验，运用多元智能理论进行改革。在我国外语教育改革过程中，英语教学出现了明显变化，基于多元智能理论为出发点，充分发挥现代化信息技术的作用，培育蒙古族学生的自主学习能力，构建个性化的英语教学模式，其与大学英语课程要求的目标是吻合的。

（四）英语教学中发展蒙古族大学生多元智能的具体方法

1. 遵循特定原则

（1）以人为本

以人为本是政治学的一个理论，就是要求相信人、尊重人、依靠人、发展人。依据多元智能理论，每个学生都存在某个或者某些优势智能领域，这些智能以不同的方式组合起来，因此，在针对蒙古族大学生的英语教学活动中，关注的不是哪个学生更加聪明，而是学生有哪些方面的智能。智能没有高低之分，只是倾向和结构的差异，因此，在英语教学中需要正视差异、善待差异，做到面向全体学生，努力发展其优势智能，提高弱势智能，为蒙古族大学生提供各种智能情境，帮助他们扬长避短，发展每个人的个性。

（2）因材施教

多元智能理论认为，世界上没有两个完全相同的人，因此在英语教学中应当最大限度地为学生提供发展机会，让学生有独创和成功的契机。在可能的范围内，英语教师需要根据学生的特点来安排教学，深信学生的发展潜力，树立"人人有才、扬长避短"的教学观。

（3）协调发展

教师需要主动挖掘学生的差异，了解其智能结构，针对不同的智能都要做到一视同仁，帮助学生扬长避短。所谓避短，并非是所有的缺点和短处都要避开，而是要有针对性地避短。教师需要关注学生的实际能力，做出精准评价，并根据学生的特点选择适合的英语教学方法，合理调整教学内容。

（4）多维评价

评价也是英语教学中的重要环节，对于激活学生的参与积极性具有积极作用。在评价学生时也要关注学生的各项能力，从多角度来采用恰当的评价方式。单一的评价方式不利于学生的成长，教师应当有乐观积极的学生观，采用动态、静态评价的结合方式，以多元智能理论来发挥评价的导向和激励作用。

2.关注多元智能发展

（1）挖掘语言智能，培养学生的综合能力

在英语教学中，最为对应的就是语言智能，挖掘语言智能，让学生掌握语言的结构、发音、修辞和意义，可以有效锻炼学生的听、说、读、写、译能力。在课堂教学中，要根据蒙古族大学生的智能优势设计相应的教学活动，创设英语学习环境来帮助他们发展语言智力，比如，可以让学生改编英文故事、开展词汇大赛、作文比赛、阅读比赛、演讲比赛、英语辩论赛等，引导学生阅读英文报刊、浏览英文互联网信息、英文图书馆资源等，启发和提高学生的英语认知能力。以听力为例，要想帮助蒙古族大学生掌握有效的倾听方法，就要做到抓住中心主题；在口语方面，要鼓励学生复述、讲述故事，模拟真实情景；在阅读方面，可以为他们推荐丰富的课外材料，材料应当难易适中，既要扩大词汇量，也要注重提高学生的阅读能力；在写作能力的培养方面，可以在课堂上布置一些写作任务，同时鼓励学生通过写英文日记来提高了他们的写作能力，也能够在潜移默化中锻炼其各项能力。

（2）借助逻辑数理智能，锻炼逻辑思维能力

逻辑数理智能是对学生发展颇为有利的一项智能。在设计英语课时，也需要考虑到逻辑数理智能，可以鼓励学生从语篇信息、上下文寻找线索来猜词，从一篇文章的已知信息出发续写，根据语篇、作者的语气、用词来揣测作者的态度。针对阅读材料，给学生提出一些开放性问题，指导学生理清文章思路，或者根据影片线索来整合文本意义，这些都可以锻炼学生的数理逻辑能力。

（3）通过视觉—空间智能，培养学生创造力

在技术手段的发展和进步下，英语学习也不再是简单枯燥的记忆，可以利用多种手段来作为教学辅助，使英语教学内容视觉化。比如，可利用电视、电影、图片、图表、投影等进行学习。视觉—空间智能就是指立体化的思维能力，如果学生的此类智能较强，那么他们就能够善于利用想象力，也会有较好的结构感。在英语教学中，可以使用多种辅助工具来激活学生的视觉—空间智能，比如，在呈现文章主体结构时，可以绘制思维导图；在讲解句子结构时，也可使用图解法来阐释；在处理叙事文时，可以借助网络图来理清文章脉络；处理说明文时，利用矩阵图、层次结构图来呈现概念和主题。除此之外，还可以利用图表让枯燥的英语单词变得视觉化，这不仅可以让学生将视觉和空间在头脑中呈现出来，还可以有效培育学生的创造力和想象力。

（4）通过音乐智能，提高学生的英语语感

听歌可以促进英语的有效输入。蒙古族大学生已经有了多年的英语学习经验，他们掌握了一定的语音和词汇知识，在英语课堂上，可利用音乐智能，通过演唱英文歌曲来提高学生的理解力，增强他们的节奏感。另外，蒙古族大学生能歌善舞，善于模仿、听觉敏锐，他们对音乐也有着莫大的兴趣，将音乐引入到英语课堂中，可以在愉悦、轻松课堂氛围中，在活跃的环境中进行语言学习，充分发挥音乐旋律的能力，以音乐为媒介来教授英语也可强化学生的审美体验。

（5）结合身体运动智能，实现做中学

语言学习的过程是复杂的，读、听、说、写、思都要运用起来。根据研究结果，人类运用肢体动作完成70%以上的知识习得，因此，在英语教学中还需要尽可能为蒙古族大学生提供动态环境，让他们能够动起来。比如，演示类游戏就是一种很好的方式，通过演示类游戏，使得学生在学习语言时与肢体共同配合，可以有效锻炼学生的综合能力，另外，还可以借助原版录像带让学生来观察、模仿，从而实现"做中学"。

（6）借助人际关系智能，组织合作学习

人际关系智能较强的个体相对擅长于群体活动。人际关系智能可以应用在英语教学上开展合作式教学，首先设置与教材内容相关的讨论话题，在小组中讨论，各组选派代表阐述小组观点。通过合作式学习，学生在轻松的氛围中完成学习任务，能够减少蒙古族大学生在英语学习时产生的焦虑感，学生可以面对面交流，教师也可为各个小组提供帮助和指导，形成了良性合作关系。

（7）发展自我认知智能

根据《大学英语课程教学要求》来看，教师有必要将传统教师讲、学生听的模式转化为以信息化教学手段为辅助的主动式、个性化教学模式。所谓自我认知智能，就是学生自己了解、约束自己，并且能够辨别自身与他人不同的一种能力。如果学生有了良好的自我认知智能，那么就能够主动修正自己的行为。因此，在英语课堂上，教师要积极培育学生的这项能力，启发他们认识自身的认知资源，主动养成良好的学习习惯。

（8）培育学生的自然智能

根据自然智能的特点，在英语课堂上可以引入一些环保与生态类课文，如动物类、植物类、环境类等等，鼓励学生写观察日记、讨论课文，对于自然有更为深刻的理解。

多元智能理论为英语教学的因材施教提供了可行性思路，也为个性化英语教育带来了开放的平台，这也说明，针对蒙古族大学生的英语教学需要凸显出民主性、创造性和主体性，让学生能够从中获益，改变以往千篇一律的教学方法，尊重学生的独特性。

二、激活学生兴趣点

（一）相关概念简介

1.学习兴趣的类型和特点

兴趣具有极强的针对性。根据教育心理学研究来看，兴趣是可以驱使人们探求真理的一种内部动力，有了兴趣之后，学生便可以从学习中得到满足感，从而愿意长时间深入学科研究中，最终学习成绩也可得到明显提升。从学习层面来看，兴趣并非只有一种，总体来看，兴趣分为直接兴趣、间接兴趣两种类型。直接兴趣是个体基于深层次需求和渴望而产生的一种兴趣，这种兴趣具有强大的内在推动力；间接兴趣则与学习本身关系不大，是基于对学习结果和成绩需求而形成的一种兴趣，这种心理状态也是相对稳定的。一般情况下，直接兴趣和间接兴趣之间并没有明确界限，两者之间同生共存，只是直接兴趣、间接兴趣的主次关系会随着学习进程的发展出现变化。间接兴趣能够帮助学生启动学习过程，到了一定的阶段之后就是直接兴趣发挥作用。一般情况下，直接兴趣的影响时间更长，对于学生的学习帮助也更加明显。

2.二语学习兴趣的相关要素——动机与情感

（1）动机

一直以来，学界都高度关注学习动机的研究。实践证实，动机和兴趣之间有着密切联系，动机能够启发学生从事某项行为，并且通过一定的努力来达成某些愿望和理想。动机是一种推动力和心理活动，在动机的影响下，人们会想方设法地维持各种活动和行为。具体到学习方面，具有良好的学习动机能够帮助个体树立远大的学习目标，明白学习对自己的影响，明确努力方向。

学习动机主要包括外部动机和内部动机。外部动机是对学生产生影响的各种外部要素，比如父母的认可、老师的支持；内部动机则是学生自身的想法，内部动机对于学习的影响极大，能够增强学生的学习质量。兴趣是一种意向行为，在有了兴趣之后，这种兴趣会直接驱使学生主动探索新知、认识真理，力求使自己得到更好的发展。

（2）情感

情感的内容较多，包括情绪、心情、态度等。情感会直接影响个体的行为，对人的影响十分复杂，既有积极影响，也有消极影响。如果个体对某个人和事物带有积极看法，就会产生愉悦、高兴的情感。反之，如果个体对人和事物持抵制态度，那么也会出现忧虑、慌张、生气的负面情绪。情感具有信号的功能，愉悦的情感能够让学生持之以恒地参与到学习中，主动探索新知、改变精神面貌。反之，消极的情感会让学生停止思考，甚至对教师的教学活动产生逆反情绪。

（二）激活蒙古族大学生英语学习兴趣点的对策

1. 营造宽松、和谐的学习氛围

心理学研究显示，情感在个体的学习中十分重要，情感反映着主客体之间的关系。要让学生产生喜悦的情感体验，那么就需要满足其愿望和需求。要让蒙古族大学生对英语产生兴趣，激活他们的兴趣点，首先要做的就是拉近师生的心理距离。教师必须要关注学生的情感，师生之间并不简单是传授、接收的关系，更是交流的过程。语言学习有一个非常大的特点，就是感染力较强。情感是一种催化剂、也是一种粘合剂，良好的情感可以将学生、教师、教材紧密融合起来。教师在授课时，不仅要为学生讲述新知，还要重视自身举动对学生造成的影响，这就要求教师善于寻找结合点，将积极的情感与教学活动结合起来，不仅要为学生传道、授业、解惑，也要拿捏好分寸，予以学生朋友般的鼓励和关怀，使蒙古族大学生可以怀着积极、愉悦的心情投入到英语学习活动中。在这种良性的环境中，可以挖掘学生的无限潜能，使学生成为英语学习的主人。教师行业在某种情况下也是服务行业，为学生的成长成才提供服务，只是这个行业并非以营利为目的。有时，教师的一个微笑、一个鼓励便能够给学生带来轻松的精神环境，使学生主动投入到学习中。如果教师比较严肃，学生也很难放松。因此，在教学时，教师要拥有博爱情怀，在学生回答问题时予以鼓励和支持。如果发现学生没有认真听讲，也不要当面斥责，而是用一些方法来暗示，这能够保护学生的自信心，也不会影响课堂的氛围。在与蒙古族大学生进行沟通时，教师更应该注重自己的语言和表现，拉近与学生的距离，才能做到有效地情感沟通，顺利实施英语教学。这也就说明了为什么在可能实现的情况下，为蒙古族大学生授课的教师尽量安排蒙古族教师，更多考虑的就是把情感作为重要因素，从民族自身的角度上去开展教学、劝导学生努力学习英语，会收到更好的效果。

2. 寻找英语学科内的兴趣点

（1）利用教材激发兴趣

教材是学生学习英语的主要学习材料，在蒙古族大学生英语能力的培育过程中起着至关重要的作用。而学生的英语学习是处于变化过程中，也许在刚刚开始是为了掌握语言，但伴随着技能的提升，学生就会更加关注其他深层次的知识。在授课时，教师的主要材料也是教材。在讲述教材内容时，不妨换一种方式，使用文字叙述、图片展示、视频播放的方法让学生更易理解内容，增进学习兴趣，还可以选择与学生生活相贴近的内容，最大限度挖掘出教材的兴趣点[1]。

（2）借助课堂活动激发兴趣

在心理学研究中，活动、兴趣之间相辅相成。兴趣是产生在活动中，活动会伴随着兴趣进一步开展。如果学生对英语学习产生兴趣，就会产生强大的力量，带动他们探索和学习。兴趣使人向上，英语学科其实具有较强的实践性，其功能也是在实践中来逐步体现的，那么在课堂上就需要利用活动来激发学生兴趣，让学生能够参与一些趣味化的课堂活动。比如，英语教材每个模块都有预习环节，在预习时，可以组织学生展开头脑风暴，此时，学生的兴趣就会迅速高涨，大家争先恐后地回答。另外，还可以增加一些小游戏，这不仅可帮助学生巩固所学知识，也可让他们对于英语课堂产生期盼感，常见的如"猜词游戏"，即你说我猜，由两个同学面对面，猜对数量较多的一方获胜；另一种就是"英文绕口令"，绕口令可以小组方式来进行，看看哪个小组绕口令发音准确、说得又快，这种形式可以很好地锻炼学生口语能力，让学生学会新的单词，课堂氛围变得异常活跃与轻松。

（3）发挥信息化手段作用

信息技术手段为英语学科的教学带来了更多的新型资源，也能够有效挖掘学生的兴趣点。信息化手段的应用打破了课外、课内之间的限制，能够使课外资源、课堂资源进行重新整合。这种教学方法具有常规教学不可比拟的优势，形象丰富的声音、图片、视频等帮助教师节约了大量时间和精力，并且所说的内容也清晰、迅速。在传统课堂上，学生一般只是接受教师的"一言堂"，或者是通过背诵、书写的方式来抽查，信息化手段的应用能够让学生切实参与到实践活动中，学生的求知欲望也可以得到大幅提升，真正达成减负提速的作用。

（4）以评价来提高学生兴趣

一是开展自我评价。针对蒙古族大学生的英语学习情况，在每个单元学习完成后，

---

[1] 于宝英：《大学英语教学中兴趣切入的应用》，《教育与职业》2014年第20期。

即可为学生提供表格让他们开展自我评价，针对自己所学的内容来填写；二是学生互评。学生之间的互评让评价变得灵活多样。学生十分在意同伴给出的评价，并且大多数学生在评价他人时态度也非常认真，可以塑造良好的互动氛围；三是教师科学反馈和评价。教师也要注重对学生的反馈和评价。科学的反馈可以加深学生印象，一句赞美能够让学生更加努力认真。每个蒙古族大学生完成任务的速度各有差别，在评价时也要具有区别，尝试为学生制造惊喜和悬念；四是设置奖励机制。科学的奖励机制也能够提高蒙古族大学生的英语学习兴趣，在任务完毕后，可让学生在学校平台上上传自己的任务，通过组间互评、学生自评、教师评价的方式，每月组织一次月度评选，对于前三名予以证书奖励。有的任务还可以为学生提供一些小礼物，即便是糖果、巧克力，大学生也十分开心，这种奖励机制进一步调动了他们的英语学习兴趣。

三、培育自主学习动机

（一）相关概念介绍

1. 动机

动机即采取行动的一种动力，是人类行为的基础之一。产生动机之后，个体就会积极、主动地思考，探索对应的方法和策略，主动克服困难，将力量形成合力，朝着统一的目标和方向来奋斗。有动机的人成功率更高，如果缺乏动机，行为就会失去目标和方向。动机对于人类的行为产生了深远影响。一直以来，学界高度关注动机的研究，尝试从心理学、教育学、成功学等诸多领域来进行分析。现有的研究普遍认为，有动机就意味着个体在情感和意识上更加重视某项目标，还会以这些目标作为导向，持续付出体力和脑力。

2. 学习动机

在以往的研究中认为，学习动机是推动学生不断向目标努力、取得满意成绩的动力。此后，心理学研究完善了学习动机的定义，认为除了涉及学习领域内的看法、信念、兴趣、行为和价值观之外，还有各种认知行为和非认知行为。学习动机不仅仅简单涉及学生要学或者想学，还有其他含义，比如反省认知、积极反馈、不怕失败、对成就的自豪感等，在这些活动中学生也能够获取到具有价值的倾向。学习动机更多的是非智力性的因素，它们能够对学习起到极大的促进作用。

根据不同标准，学习动机可以分为三种类型：

第一，内部动机和外部动机。内部动机即学生不靠外部刺激，完全依靠自己内心愿意主动学习的表现。发自内心喜欢这门学科，内部动机比较持久、稳定。具有内部动机的学生往往具有较强的好奇心，乐于参与学习活动，可以独立解决问题。内部动机又可以划分为成就感、兴趣、自我完善、自我实现、责任心等；外部动机则是相较于内部动机而言，是独立于活动之外的一种动力，比如担心考试不通过、害怕惩罚等。外部动机更加关注某一活动能够带来的利益，并不是真正喜欢某种学习活动；

第二，融合型动机和工具型动机。如果学生具备融合型动机，那么他们就有强烈的交流欲望，希望学好语言，并且对于语言背后的文化知识也有着浓厚兴趣，希望能够成为某一语言群体的成员；工具型动机则注重某一行为带来的成效，例如比较理想的成绩、家长或老师的赞扬、通过某种考试、获得高薪工作等。

第三，近景动机与远景动机。这种划分依据的是动机与目标之间的关系，近景动机是侧重于近期目标，具体到英语学习上，比如"本周需要学习多少个新单词""阅读几篇文章"等。这类动机可以在短期内取得效果，但是一般并不持久。如果近期目标没有实现，学生就很容易丧失动力。远景目标则需要有其他的动机，需要与长远目标相结合。如果学生拥有远景目标，其关注的将会是后续的个人发展，不会满足于当前的小目标，即便短期目标受挫，也能够心怀大局向前看。远景目标更加稳定和持久，一般不会轻易发生改变。

3. 英语学习动机的作用

（1）唤醒和激发作用

如果个体具有强烈的英语学习动机，那么便能够将个体唤醒，推动着个体向目标努力。在英语学习中，动机能够让个体付出更多的精力，为了达成特定目标持续努力。学习动机也可以激活学生潜能。在具备学习动机之后，学生会对某些刺激产生敏感性，从而积极参与相关的学习活动。

（2）导向作用

动机决定学生的努力方向，决定个体为了实现目标所做出的行动状态。比如，娱乐动机会指引个体参加娱乐活动；运动动机会促使个体进行体育锻炼。

（3）保持恒定

当学生产生某种动机，就能帮助学生持久地坚持某件事，行动就会持续下去。动机能使个体在中途遭受失败或者中断行为后，仍然能够坚持到最终完成任务。在动机的支撑下，即便中途失败，也会努力调整自己的方法和状态，这种动机也让学生能够努力坚持不懈，这恰好是提高成绩的重要影响因素。

（4）强化作用

动机能够唤醒个体的学习潜能，使学生投入更多的努力和精力。比如，如果学生想要在英语学习中取得良好的成效，这种动机会促使他们努力学习，去达到自己的目标，如果家长、教师表扬他们，又会鼓励其产生新的动机。

（5）提升信息加工水平

具备良好的学习动机能够让学生收集和思考有关材料和信息，并且努力构建、加工信息以便实现目标。在学生心中有了明确的方向之后，就知道什么可做、什么不可做。

（二）培育蒙古族大学生英语自主学习动机的策略

1. 指导学生科学制定目标，树立正确的学习方向

从认知动机理论来看，期望和价值理论是最具影响力的内容之一，基于此，为了让蒙古族大学生对英语学习产生动机，首先就是要引导其正确制定学习目标。根据蒙古族大学生的特点，在制定目标时，需从短期、长期和定向目标三个方面来着手：

（1）短期目标

进入大学之后，学生脱离开教师、家长和学校的高压环境，英语学习氛围也变得更加自由，不少蒙古族学生需要较长时间才能适应大学的学习环境，而他们本身英语基础相对薄弱，学习能力欠佳，这种自由的环境反而会使之感到迷茫。制定短期目标能够为蒙古族大学生带来清晰的指引，帮助他们迅速适应环境。短期目标应当是具体、可量化的，以2~4周为单位来制定目标。短期目标还要明确，让蒙古族大学生可以知道自己应当做什么、如何做、需要达成什么目标。除此之外，短期目标应当是可以调整与评价的。基于多元智能理论来看，每个学生都是独一无二的，不存在优良中差之分，只是个体的英语学习质量会受到情感态度、价值取向和个性的影响。为了提高学习质量，在制定短期目标时，可以遵循先统一、再调整的原则，学生可根据自己的实际情况来合理调整。

（2）长期目标

短期目标能够为学生的英语学习提供指引，长期目标则能够为他们的英语学习照亮道路。长期目标的制定需要关注几个要点，一是要合理。目标制定不宜过高，也不宜过低，让学生能够通过努力来达成；二是要具有挑战性。为了促进学生的个人发展，动机可适当高于现实，让目标具有挑战性。

（3）定向目标

定向目标需要兼顾到工具性和社会性。定向目标比之短期和长期目标较为抽象，但是却是一种高层次的人生追求。具体可以引导学生根据自己的未来职业生涯规划来设置定向目标，也就是说，目标制定不仅需要考虑到语言综合能力，还要与学生的择业意象、职业倾向、未来理想发展相关，这种目标才是稳定的，可以长期激活学生的内在动机。

通过上述层层递进的目标，让学生能够踏踏实实地完成短期目标，逐步靠近长期目标，并根据生涯规划来达成定向目标。三种目标之间是相辅相成的关系，是激活学生学习英语潜能的关键环节。

2. 引导学生合理归因，正确看待成败

从蒙古族大学生英语高考成绩来看，其普遍不是太理想，学生英语基础相对比较薄弱。根据学界研究显示，高考英语成绩偏低会对学生的英语学习动机产生间接影响。由于长期在英语学习中缺乏成功体验，学生的英语学习动机自然也会受到影响，这会导致学生对未来英语学习产生迷茫和不确定性，同时也会影响他们的努力程度。因此，为了激发学生的学习动机，还需要指导他们正确归因，合理看待英语学习道路上的成功和失败，所谓"胜不骄败不馁"便是这样的道理。教师要引导学生用稳定、可控的因素来归因，在遇到挫折时正确、理性地分析原因，引导学生从内部寻找原因，并且要注意帮助学生缓解负面情绪，使之能够用乐观的态度对待英语学习，这对于维持蒙古族大学生的英语学习动机是至关重要的。

3. 提高自我效能，增强英语学习自信心

所谓自我效能，就是个体对自身行为的主观判断。自我效能会影响个体对任务的选择和坚持，也会影响个体面对挫折与困难的态度。学习动机的强弱与自我效能感具有密切关系。如果学生的自我效能感较高，敢于为自己设立难度较高的学习目标，并通过努力来实现，即便一段时间的成果不佳，学生也会积极克服困难，努力改变现状。对于蒙古族大学生而言，自我效能感主要是受到大学以前的英语学习经验、英语高考成绩、教师的鼓励、同伴的理解等因素影响，并且由于蒙古族大学生的英语入学门槛相对较低，所以蒙古族大学生的英语基础普遍薄弱。尽管教师无法帮助其丰富以往的学习经验，但是依然可以通过科学的方法来帮助学生提高自我效能，增强其学习英语的自信心。

首先，要帮助学生利用好大一阶段的新起点。在进入大学之后，这已经是一个新的人生起点，一切皆有可能，教师要鼓励学生相信自己，积极挖掘自身的潜力，并且要主动寻找学生身上的智慧和闪光点，多鼓励、多表扬，尽量避免指责和批评。如果学生产生了成就感或者出现高于预期的学习成果，那么其自我效能感就会提升。

其次，要为学生提供成功的英语学习体验。不可否认的是，由于学生的英语基础、学习能力、自身性格等因素的影响，即便付出相同的时间，英语学习效果也可能是不同的，此时，教师就要帮助学生创设成功的英语学习体验，做到因材施教，根据学生层次来为其安排学习任务，让基础薄弱的学生有机会来展示自己，让基础相对较弱的学生也能够获得成就感，继而增强他们的自我效能。

4. 增强成就动机强度，鼓励学生的发展

针对蒙古族大学生，还需要根据其特点和具体情况来调节英语成就动机强度，让学生能够实现循序渐进地发展。对此，要设置具有挑战性的任务，鼓励学生积极尝试。任务难度可以因人而异，如果学生完成任务，教师要予以奖励和表扬，使之能够产生满足

感和成就感。同时为了避免学生出现挫败感，教师要有智慧地为其提供成功可能。有的学生害怕失败，可给他们安排一些简单的任务和展示机会，并且放宽评价标准，避免强迫学生参与竞争性较强的活动。在学生取得成功和进步时，要立刻予以强化，使学生先取得安全感，再逐步提高他们的成就动机，避免操之过急。

5. 善用形成性评价，合理进行奖励和惩罚

形成性评价和短期学习目标之间有着密切关系。在评价时，需要采用多角度、多层次的方式来进行考查，这种评价方式能够了解学生的问题和进度，便于调整教学方案，为学生提供有效指导和反馈，激发学生的英语学习动机。在形成性评价的应用上，需要以学生的发展和成长作为目标，立足于现在、面向未来，使学生在英语学习中能够打好语言基础，具备沟通能力、跨文化意识和英语综合素养。从辩证角度来看，任何事物都处于变化过程中，蒙古族大学生的英语学习也一样，他们的英语学习进度无法一帆风顺，但不管是成功的经历还是失败的经验，都非常宝贵。科学的形成性评价对于学生而言具有激励、导向和诊断功能。教师要用长远眼光对待每个学生，抓住他们的进步之处和闪光点。形成性评价主体除了教师，还可以吸纳其他主体的共同参与，让学生能够清晰、理性地认识自己，能够根据自身的不足调整学习目标和方法，还可以进行合理、积极地归因。

四、发挥就业导向作用

（一）相关概念介绍

所谓教育导向，即教育发展应当支持什么、限制什么的明确取向。当前，高等教育已经不再是传统精英式的教育，而是向大众化方向发展。高校的人才培养规格和社会职能是由社会发展来决定的，就业导向就是高校教育活动要适应就业市场的发展动向。针对一些市场中不需要或者缩减的专业，高校要适当进行调整，减少招生人数。从这一角度来看，所谓就业导向，就是高校以就业作为目的来对专业课程等进行调整、设置的活动。在明确了就业导向之后，高校的专业设置、课程教学、管理体系都是为了学生的顺利就业来服务，让学生找到理想的就业方向，有助于提高学生就业率[1]。就业导向下的高校教育倡导培育学生的实践能力，做到以人为本，打造出集知识、技能、态度于一体的知识教育结构。

（二）发挥英语教学就业导向的作用

英语是高校的一门公共基础课程，也是培育优质人才的必要途径。教育部针对大学生英语学习需要掌握的知识、达成的素质和能力标准都有着明确规定。在新的历史时期

---

[1] 李雯倩:《以就业为导向的大学英语教改探索》,《汉江师范学院学报》2021年第41期。

下，人才之间的竞争日趋激烈，人才的知识结构、能力结构和素质结构会直接影响竞争成果，为了使高校人才培养具有较强的适应性和针对性，在英语课程设置上也需要以就业为导向，这也是帮助蒙古族大学生在毕业后顺利就业的重要举措。具体来看，发挥英语教学的就业导向具有以下 4 个作用：

1. 帮助学生打好英语基础

从当前高校毕业生的就业情况来看，很多岗位在招聘人才时，除了需要本专业的知识和本专业技能的要求之外，还需要有一定的英语交流能力和电脑操作能力。当前，我国与其他国家之间的交流持续深入，通过英语教学让蒙古族大学生掌握扎实的英语基本功，能够使用英语进行交流对话，可以翻译、阅读一些简单的英文资料，能够帮助学生更好地胜任后续就业 [1]。如今的就业市场十分激烈，招聘单位不仅看重学生的专业能力，也高度关注学生的英语能力、计算机操作能力，以就业为导向帮助学生打好英语基础，能够使学生在就业时信心大增。

2. 发展学生的专业技能

应用专业知识解决实际问题是大学毕业生在就业时必备的一项关键能力。英语是高校的一门基础课程，根据规定，要帮助学生奠定英语基础知识和技能，让学生在后续学习、工作中做好准备。同时，英语教学又强调语言的实用性以及与专业之间的相关性。目前，很多高校对英语教材作出了适当调整，提高了教材的应用性，降低了教材的难度，使英语与就业之间相互衔接，这可以大大提高学生应用英语来解决实际问题的能力，也可进一步发展学生的专业技能。

3. 培育学生的就业素质

一名成功的就业者应该具有娴熟的专业知识和技能，也要有良好的个人素养，这是在学生后续工作岗位上取得成功的关键所在。比如，如果一个应聘者具备良好的学习能力、表达能力、人际协调能力和良好的心态，那么就会对他们的成功起到潜移默化的影响。在英语课程的设置上可以以此为基础，关注就业导向，营造开放化活动空间，以人为本，为学生传授知识，注重启迪学生智慧，提高其问题解决能力和工作能力。在教材的选择上，也要紧跟时代发展需求，与专业之间衔接，使内容具有启发性和时代性。

4. 增加学生的就业机会

英语是国际性的通用语言，在很多国家，由于历史原因和交流的需要，掌握英语非常自然，但对于蒙古族大学生而言，学会英语相对困难，因此，以就业为导向来开展英

---

[1] 黄敏：《新媒体环境下以就业为导向的混合式大学英语口语教学研究》，《湖北函授大学学报》2017 年 30 期。

语教学，提高学生的英语交流能力，不仅是帮助蒙古族大学生及时了解国外先进科技的有益手段，也能够为他们的就业、升职增加有利筹码。在一些大型企业中，如果学生能够熟练应用英语来完成涉外业务活动，自然能够为人生目标的早日实现提供有效支持。另外，通过英语学习学生也可以看到广阔的世界，了解各个国家的政治、社会、经济、文化状况，从而提高其国际竞争意识，拓宽人生视野。

（三）发挥英语课程就业导向的方法

1. 培育学生的就业核心能力

（1）帮助学生规划职业生涯

在英语教学中，不仅要关注知识能力的培养，也要重视就业教育的开展。实际上，就业教育应当渗透到高校教学总课程体系中。高校英语教学的目标是培育学生的语言能力和素质，这无可厚非，但同时也应该重视就业指导的作用。英语教学需要与学生的后续就业挂钩，可让学生产生源源不断的学习动力。通过科学的生涯规划，让学生认识到英语对于后续就业的作用和价值，利用职业生涯规划，能够帮助学生清晰把握英语学习的目标和方向，根据学生的具体特点、自身学习潜能和对英语的掌握情况寻找适合的学习方法。

（2）坚持在英语教学中培养学生的就业竞争力

针对蒙古族大学生的英语教学，需遵循"实用为主，够用为辅"原则，在帮助学生打好语言基础的同时，锻炼其语言应用能力，并且也要关注学生就业竞争力的提升，让学生能够真正学以致用。注重锻炼学生的人际协调能力、英语学习能力、表达能力等，着眼于学生的职业生涯发展，使英语学习能够迁移可用。

（3）优化英语课程评价标准

用人单位和人才市场是检验高等教育的最终目标是否实现的标准。过去，高校英语教育经过市场的充分检验，认为英语四、六级考试过关率是检验英语教学的主要标准，以至于不少教师将英语四、六级通过率作为目标。实际上，这会导致英语教学沦为应试教育。开展高校英语教育改革，应该把目标面向全社会的需求，为促进文化建设和经济发展培育优秀人才。要建立科学合理的评价标准，通过恰当的评价标准为学生的学习提供方向。在考核方式上，需要摒弃传统单一以书面成绩为主的评价方式，增加实践考核比例，构建多元评价体系，融入过程性评价。比如，可通过课堂观察、周记、学生成绩档案、面谈、问卷调查、单元测试、学期论文、团队活动、学生讨论等进行评价，将学生在英语学习中的表现作为评价标准，结合期中考试、期末考试、英语四六级通过率等给出一个综合且真实的评价结果。

2. 重视师资队伍的建设

高校英语教师都有扎实的专业知识，他们是科班出身，但是普遍缺乏关于就业教育方面的知识，并且教师的语言能力和其他能力的提升也是一个循序渐进的过程。要提高教师的就业指导能力，其难度较大，也会花费较长时间，因此，可以吸纳其他教师来共同参与，带动英语教师成为"双师型"教师，提高教师的自主学习意识。在开展英语教学时，教师要考虑到蒙古族大学生的知识储备、个人兴趣等，将兴趣和专业方向结合，将已有知识结构、跨学科知识融合起来，共同为学生提供指导。同时，要为在职英语教师提供进修和培训的渠道，通过短期培训、长期培训结合的方式培育优质的"双师型"教师，并为教师提供到企业中考察、调研的机会。通过这种方式，使教师能够迅速掌握用人单位对于人才的要求，积累就业指导所需的管理经验和知识技能，以便更好地为学生就业提供指导。

从多元智能理论出发，着眼于学生的不同职能来设计教学模式，从不同的培养目标维度来开展英语教学，能够丰富活动形式、激活学生兴趣、培育自主学习动机，也是推进素质教育的有效手段，有利于实现学生的全面发展和阶梯性进步。同时，语言教学和学生就业导向相结合，使学生在打好语言基础的同时，锻炼其语言应用能力，锻炼学生的人际协调能力、英语学习能力、表达能力等，从而提升学生就业竞争力，让学生能够真正学以致用，获得更好的就业潜力。

第七章　开发教学资源，改善教育环境

在信息化时代，各类新型教学模式迅速发展。为了提供更丰富全面的教学资源，需要基于终身学习思想、建构主义理论和职业能力发展理论，做好英语课程教学资源库的建设。同时，进入大数据时代后，人与社会、自然之间的联系更加紧密，大数据对教学活动产生了重要的指导意义和应用价值。要创新大数据时代下的教学活动，利用庞大的样本数据，通过对样本数据的分析，获取对教育有益的精准信息，开展针对于某一群体的精准教学。利用教学网资源和大数据，开发建设智慧课堂，支持个性化学习和教学，才能促进教学和信息技术的深度融合。

一、建立英语课程教学资源库

（一）相关概念介绍

1. 课程资源

课程资源分为广义的课程资源和狭义的课程资源。广义的课程资源指有利于实现课程目标的各类要素的综合，狭义方面的课程资源就是课程的直接要素。广义层面的课程资源是为课程服务的一切要素。根据功能来看，课程资源分为素材性课程资源、条件性课程资源；按照表现形式来看，分为文字类课程资源、实物类课程资源、信息化课程资源和活动类课程资源；从课程资源不同的存在形式方面来看，分为显性课程资源和隐性课程资源；参照区域特点，又可划分为普通课程资源和乡土课程资源。

2. 课程教学资源库

课程教学资源库对课程资源进行整合，使之成为"库"的形式。纸张和光盘是传统课程资源库的媒介，缺点是成本高，更新速度慢，导致课程资源的作用不能很好地发挥。为了发挥课程资源的作用，要对课程教学资源库进行数字化处理。数字化课程教学资源库是基于课程逻辑为基础，利用数字化的形式将各类资源整合起来，共同构建成支持共享、修改的开放化学习系统，具有网络共享、开放互动、内容丰富、存储

便利的特征 ❶。

（二）英语课程教学资源库的建设必要性和具体原则

1. 建设必要性

随着信息化时代的到来，高校英语课堂采纳各类新型教学模式。为了更好地发挥英语课程的实践性和应用性，解决针对蒙古族大学生英语教学和学习过程中出现的问题，需要建设英语课程教学资源库，来促进蒙古族大学生学习模式的改善。在网络时代，蒙古族大学生习惯运用互联网技术获取英语学习方面的资料，这表明他们已经具备并能够运用一定的自主学习能力。但是，蒙古族大学生的学习自觉性不够强，还需要科学地培养学习习惯，建立英语课程教学资源库就是一个非常有效的手段。根据蒙古族大学生学习英语的实际需求建设英语资源库，使资源库符合蒙古族大学生的学习方式，能够帮助其高效地获得资源，从而调动他们的英语学习兴趣。另外，在教育信息化的背景下，高校逐步完成了信息化的基础建设，大力支持教学改革。同时，混合式模式等各种新型教学模式为英语信息化教学提供了有利条件。但是，有限的教学资源影响了教学质量的持续提高。因此，构建英语课程教学资源库，是学生进行英语学习和教师开展教学活动的必然要求。

资源库的内容包括题库、素材库、视频库、案例库、课程资源库、拓展资源库等。课程资源库包括课程教案、优秀课件、微课课件，词汇资料、教学方式方法，其形式包括文字、图片、视频、音频等。在案例库中，可以放置学生的作业案例、优秀实践案例，还可以运用 VR 技术来创设真实情景，让学生实现人机互动、分析案例。这些资源极大地扩展了教材内容和课堂授课内容，能够帮助学生了解更多的文化背景知识，极大地丰富了教学资源。

2. 建设原则

服务性原则。英语课程教学资源库的建设需要首先彰显出服务性原则，为教育行业而服务，为学生学习、教师教学、行业发展提供必要的资源和条件，因此，资源库建设必须要坚持服务性。

公益性原则。英语教学资源库的建设初衷是公益性教育事业，一般不以营利为目标，在资源库建设完毕后关注的是长远社会利益，其运营和投入的经费主要由高校、企业和政府来承担，一般不会面向学生收费，让学生能够享有免费的学习资源。资源的建设、运营等都是由建设者负责支出，旨在为学生提供共享、开放、优质的服务，从而帮助学生提高综合素质和学习能力。

---

❶ 胡晓辉：《浅谈互联网下学校英语资源库的建设及发展》，《中外交流》2020 年第 27 期。

开放性原则。资源库的建设开放性要求从两个方面来着手：一是学习资源和教学资源应当是开放的；二是进入权限是开放的。需要为学生建立起种类丰富、覆盖面广、内容多元的教学资源库，其中包含动画、视频、PPT 等，并且随着学生学习诉求的变化，要不断增加教学资源库内容，也可吸收其他的实践资源。

共享性原则。高校英语课程教学资源库需要对接学生、行业、企业、学校，资源库中有不同的服务平台和子资源库，各个主体资源又可以划分为不同的子资源，从而最大限度保证资源库的共享。

（三）英语课程教学资源库的建设策略

1. 建设注意事项

（1）体现专业特色

英语课程教学资源库的建设在各个环节上都要基于当前的时代发展作为切入点，发挥高校的育人功能。在建设英语课程教学资源库时，要从实际情况出发不断丰富课程内容，设置与教学内容相关的各类教学情景，补充相关案例和相关知识点。同时，要参照学校的具体特点，凸显英语资源库的个性化特征，使不同专业的学生都能满足学习需求。资源库建设要避免重复，要考查不同学院的需求进行规划，以统一的技术标准、按照科学的流程开展建设，从而做到各资源库之间既不重复，又能形成良好的相互补充。

（2）不断完善内容

在信息化时代，新技术、新信息层出不穷，英语资源库的建设需要将长期规划和短期建设相结合，这有利于改革创新英语教学。要根据新信息的出现不断完善和补充资源库的内容。伴随着时代的发展，在英语课程教学资源库的建设上，需要将其作为长期目标，根据实际情况和学生接受能力做出改善和调整。同时，高校要根据学生的实际需求和学校的发展方向定位补充更多新的资源和独具特色的资源，通过多样化的资源信息为学生提供平台开展学术交流和合作学习，由教师和学生协作共同完成学习任务。资源库信息的更新和完善由师生共同进行，教师可以把获得的优秀教学材料补充进入资源库，学生可访问相应的课程资源来获取资料观看研究。学生（包括在校生和已经毕业的优秀学生）也可以把收集到的优秀资料上传至学习资源库。

（3）强化资源库管理

对教学资源库进行建设和不断完善的同时，要实行科学、高效地管理。管理者需要具有相关领域的专门知识和专业技术，需要根据学生的具体情况、学业要求和学生使用资源库的反馈，请相关学科教师改善和更新资源库内容。同时对于进入资源库的内容要严把质量标准，筛选优质教育资源进入英语课程教学资源库。为了对学生在资源库的学习情况进行研究分析，需要实时了解学生的学习数据。资源库管理者还要给学生分配学习任务，并依据学习任务的完成情况形成学生的平时成绩，参照学生的平时成绩来调整资源库中的教学材料的难易程度。

（4）加强多主体协作

英语课程教学资源库的建设要紧密结合专业需求和专业特征。建设资源库，不仅仅需要校内教师和学生的共同努力，还要充分挖掘学习资源，把优秀的社会资源纳入资源库。同时邀请相关企业、单位的行业专家来为资源库把脉诊断，根据他们的行业建议不断完善和补充对学生学习和就业有益的课程资料。要建设云平台来提供资源共享，加强英语课程教学资源库的开放性，使教学资源库发挥出充分的育人作用。

2. 新经济时代背景下英语课程教学资源库的建设

（1）设计思路

设计方面，基于终身学习思想、建构主义理论和职业能力发展理论，基于教育部公布的《教育资源建设技术规范》，将课程内容划分为"素材级""课程级""专业级"三类，按照资源特点、教学需求来进行一体化设计，包括四个阶段：基础阶段；应用阶段；提高阶段；管理阶段。

（2）设计原则

① 科学性

确保资源库具有实用性、其结构具有合理性；要保证资源库内容具有时代特征，体现英语教育与现代信息化时代相结合的需求。

② 标准化

构建和维护、更新资源库按照特定的技术标准来进行，并不断完善和补充内容，通过改进搜索流程来提高资源库利用率，避免人力、财力和物力的浪费。

③ 一体化

对资源库内容的整合打破学科限制，基于学生的综合发展需求、专业特点、就业导向来有机组合资源库内容，重点促进学生在英语学习时听、说、读、写综合能力的培养和提高，锻炼学生的英语综合运用能力。

④ 开放性

资源库的设置要满足教师的教学要求和学生的学习需求。教师可以通过资源库获取相关教学材料，还能通过平台完成备课、学习指导和互动答疑等工作。学生可以从资源库中获得个性化的学习材料，完成平台提供的各种语言学习训练。同时，资源库可以对社会开放，以提高资源库的利用率，发挥资源库的社会价值。

针对少数民族大学生的英语基础情况、学习特点和学习规律，在建设资源库时，可以设计、投放一些和民族学生相关的资料，如风俗习惯介绍、历史资料译本、少数民族文化传承的优秀案例，让少数民族大学生在学习英语的同时，培养中华民族共同体意识，并借鉴成功的少数民族大学生学习经验，以促进自身的整体提高。

二、发挥教育大数据的支撑作用

（一）相关概念界定

1. 大数据

（1）大数据的概念

20世纪80年代，学界就形成了"大数据"的概念。科学技术的新萌发展，可穿戴设备的逐渐普及，各种终端设备的运用，都带来了海量数据。通过运用现代化的先进技术，这些海量数据被存储下来并通过分析处理，找出数据后面隐藏的规律，使数据的意义被逐渐挖掘出来。在《大数据时代》中，维克托·迈尔·舍恩伯格提出："大数据的核心是在关于某个现象的所有数据，重点是分析各个部分之间的关联性"。从这个方面来看，大数据是应用各类技术所处理的海量数据，这些数据可以创造新价值、发现新知识，带来"大智能""大利润""大科技"。

（2）大数据的特征分析

大数据是各个行业频繁出现的火热词汇。近些年来，大数据在各个行业和领域中得到了广泛应用，进一步推动了社会的发展。大数据技术具有两个显著特征：

第一，海量数据规模。大数据时代的数据量可以达到PB（Petabyte）级别，企业在经营活动中的用户互动、交易行为都呈现出大规模的增长趋势；

第二，多元化数据类型。大数据时代的数据类型繁多，既包括格式统一的结构化数据，又包括浏览足迹、音频、视频、网页日志等非结构化数据。利用大数据，大幅提高了各类数据信息的利用率，充分发挥出了数据的作用和价值。

关于大数据在课堂教学中的应用，还是一项新生事物。尽管时间短，但是也取得了颇为理想的成效。在传统的课堂教学中，存在三个突出问题：

第一，教学资源短缺。在大班制的授课模式下，教学资源短缺是影响教学质量的一个重要诱因。传统课堂是采用一对多的教学模式，即一名教师同时兼顾多名学生的教学和指导。由于教师数量较少，要兼顾到每一个学生的需求，难度非常高，而学生群体之间具有显著的个体差异，每个学生的爱好、学习能力各有不同，在一刀切式的教学模式下，很难让每个学生都在其中有所收获。同时，由于学生人数多，教师引导不足，这也会影响学生对相关知识的掌握，并且打击其参与学习的积极性。

第二，教学方法相对滞后。在教学活动中，方法的选择直接影响教学质量，科学有效的教学方法能够显著提升教学质量。在"素质教育"的改革背景下，各科教师也在不断进行革新，寻找适合不同年龄段学生的教学方式。尽管在不断改革，在传统教学方法的应用上，却不够重视学生的主观能动性。教师习惯以自我为主体，主观决定教学方法和训练进度，尽管教师引导、演示，学生还是未能深入掌握知识，导致课堂的教学质量和效率并不理想。

第三，教学内容单一。在传统的教学课堂中，每节课的教学程序都是大同小异，学生渐渐生出了不满情绪，学生思考的主动性也不够高，只是按照教师的指令来执行，缺乏创新性和创造性。在这种课堂氛围下，久而久之，必然会导致学生出现厌倦感，打击了他们参与学习的积极性。利用大数据来开展英语教学，便可以在极大程度上解决上述问题。

2. 精准教学

精准教学是由奥格登·林斯利（Ogden Lindsley）在20世纪60年代提出，旨在利用测试过程来对学生的学习表现提供数据支持，为后续科学评估给出框架，精准教学适合应用在各个学段和学科的教学中。

就目前来看，精准教学的应用方式多种多样，但是在具体操作上，还缺乏统一的定义和描述，各个教学板块、教学系统是独立存在的。大数据、精准教学之间有着密切联系，可为少数民族大学生的英语教学提供便利。

3. 大数据背景下的精准教学

在大数据时代下，教育的信息来源更加广泛，教师、学生均可从各类渠道获取信息，教师也不再是学生的主要信息来源。在传统时代中，信息的传播是单向的，学生的信息获取主要是通过课堂进行，在空间、时间上均存在限制。进入大数据时代后，学生可从网络中获取所需信息，信息接收范围更加广泛。另外，大数据时代下，信息传播速度显著加快，信息透明度越来越高，而在传统时代下，是由教师统一为学生传输信息，具有一定的滞后性。大数据时代下，信息传播速度得到了显著改善，传播范围、传播次数都在不断扩大，因此，新时期的教学活动需要紧跟时代步伐，创新教育方式，以提高教育成效。

大数据时代的精准教学，指利用分析学生的学习行为、参考学生的学习特征来制定相应的教学方案，从而促进教师教学和学生学习。运用大数据技术，可以有针对性地分析学生的基本信息、学习行为等，刻画出学生的行为、特征，在此基础上，采用针对性教学方案，以提升教学质量，为学生提供科学的指导。从本质来看，大数据技术支持下的精准教学，不是某种具体方法，而是运用数据决策函数，制定符合学生个体情况和总体情况的精准教学方案，并在教学活动中实施该方案，从而使大数据服务于教学活动。

另外，教育的情景化、时序化特征使教育数据是动态的和持续变化的。作为教育工作者，要以动态的眼光对待教育活动、设计教学方案。要根据学生在不同时间段的具体表现和学习状况不断调整教学方案，使大数据真正做到为教学服务。因此，大数据支持下的精准教学，需要考虑到学生的不同学习阶段的需求，突出教学模式的动态化。推行精准教学，能够显著改变传统教学活动的弊端，是未来教育界的改革方向，本文正是基于此，提出课题。

（二）大数据在教育领域的应用历程

关于精准教学的研究最早可追溯至20世纪60年代，由美国的奥格登·林斯利提出。精准教学最早是针对小学教育，后来发展为评估教学方式的框架。通过精准教学，能够改善学生的学习质量。根据最早的精准教学设计，师生被要求将学习表现详细记录，进行人工分析与决策。但是，由于当时缺乏技术支持，精准教学未能得到应有的重视。进入了大数据时代后，信息技术迅速发展，为教学过程、学习过程的详细测量、考察提供了支持，也给精准教学提供了更多的发展机遇。大数据时代下，精准教学的实施不单一依靠对结果的分析，也要关注学生的学习过程、学习行为，采集学生在学习环节的各类信息，利用大数据处理技术来测量、对比、分析，以此来分析学生的学习表现和行为，预测其未来学习表现，为学生的个性化学习提供有效支持❶。大数据时代的精准教学需要借助大数据技术来不断优化教学环节，为不同学生提供个性化、精准化教育支持，予以针对性教学指导和建议。关于大数据时代下的精准教学，国外的研究主要集中在教学效果的评估上。多纳（Downer）认为，采用精准教学，能够有效锻炼学生的阅读能力。格林福（Gallagher）提出，将精准教学应用在数学学困生中，可有效改善其表现。

随着大数据技术在我国各个领域的广泛应用，学界关于大数据时代下的精准教学也产生了大量的研究成果。林晓宇提出，要开展精准教学，首先，需要把握好学生的学情，利用大数据的整合、分析，找到学生学习环节中存在的共性问题、个性问题，对学生学习情况做出量化考核，并进行记录。同时，根据学生学习情况的变化来对数据进行更新、处理，以掌握学生的学习能力，针对性解决学生在学习环节中存在的种种问题，帮助学生全面掌握所学知识。例如，为了了解新生学习基础，在开学时针对学生进行统一考核，将考核成绩整理，录入数据库。利用大数据，可以分析出每一个学生的基础，根据此来制定教学方案。张明新等提出，大数据技术的支持也为教研活动提供了红利，学校教研组可以及时借助大数据来找到校本教研出发点。例如，通过学业数据的对比，能够找到成绩异常的班级，无论是成绩过高还是成绩过低，均需要进行深度分析，利用集体研讨等方式来制定改进方式。对于教研组而言，还可以利用大数据动态延续图线来分析出不

❶ 王青梅：《大数据时代大学英语教学模式创新与信息化变革》，《福建茶叶》2019年第41期。

同教师的教学情况，找出教师的薄弱之处或者教学短板，针对性提供教学指导。针对学生群体的典型问题，帮助教师对自身教学行为进行细化分析，反思教学得失，寻找改革切入点，从而不断提升教师的综合技能，完善教学体系。钟雪梅认为，作业是帮助学生巩固所学知识，也是提升精准教学质量的有效方法。利用大数据，可以针对学生的实际情况开具处方，做到分层作业。每一个学生都是独立个体，其学习兴趣、学习能力、学习状态各有差异，"一刀切"式的作业很难满足学习需求，这类作业形式无法满足不同基础学生的作业需求。通过大数据，可以精准分析出学生在学习环节的各类问题，以提供精准化的作业，优化作业的效果。

进入大数据时代后，人与社会、自然之间的联系更加紧密，能够将学生的各项数据记录下来，生成庞大的样本数据。通过对样本数据的分析，可以获取对教育有益的精准信息。要创新大数据时代下的教学活动，教育工作者首先要树立大数据工作思维，能够从立体、全面的角度来分析信息，关注各项内容背后的因果关系，将技术应用在科研、教学环节，制定契合当代大学生的个性化工作方案，对教育工作做出精准研判，找出隐蔽内容之间的关系，挖掘出具有价值的教育内容。目前，关于大数据时代下精准教学的研究，多集中在理论层面，具体实现方式、案例的研究并不多，本书尝试从方法、实际案例角度着手，探讨具体精准教学的优化和改革策略。

（三）大数据在少数民族大学英语教学中的具体应用

1. 利用数据分析，精准学习诊断

随着大数据的广泛推行，教育评价从以往的经验主义转化为数据主义，以往主要关注成绩的评价模式发生了变化。大数据时代的评价体系不再单一是针对学生评教、考试成绩、工作量、教师互教、纪律评分的评价，还需要关注数据感知分析结果，做到主观与客观的结合，确保教学评价的公正和公平。在应用大数据之前，教师要明确蒙古族大学生的英语学情，寻找到问题的症结，予以精准地对症指导。在传统模式中，是通过测验结果、作业情况来分析学生的学习现状，会浪费大量的时间与精力，借助大数据，可用信息化的数据分析平台对学生学习成果进行全方位分析，精准寻找问题。学习诊断的内容包括三个层面：

一是学习兴趣的诊断。在大学阶段，兴趣是影响学生学习的重要指标。在大学英语教学中，其中一个任务就是激活蒙古族大学生的英语学习兴趣，对此，可以编制《英语学习兴趣诊断量表》，邀请学生一起填写，完毕后上传至平台。

二是学习习惯的诊断。学习习惯的养成不仅决定了蒙古族大学生对英语知识的掌握程度与快慢，对于其他学科的学习也十分有益。对此，可编制《大学生英语学习习惯诊断表》，内容涵盖"主动阅读的习惯""乐于倾听的习惯""主动观察的习惯""认真朗读

的习惯"等。

三是英语知识的掌握。利用数据分析平台分析学生对知识的掌握情况，能够更好地为智慧教学提供服务❶。如在大一新生入学后，可针对蒙古族大学生的词汇、语法掌握情况进行诊断。在教学上，可从学生现有的兴趣、习惯和知识掌握情况入手，让学生在现有基础上得到提升。

2. 借助微课视频，予以个性辅导

利用微课的翻转课堂教学模式，将英语课程中的难点、重点制作成微课视频，可为蒙古族大学生提供丰富的个性化辅导资源。微课是以"教学视频"为核心的辅导模式，有着"主题突出""问题聚焦"的特点。以往的英语教学是面向全体学生的讲解，没有关注到学生的个体差异，无论是对新课内容，还是对课后练习，总有部分学生会模棱两可，对此，可选择教材内的疑点、难点、重点来制作成成微课视频，供学生进行个性化学习。

微课视频的应用需选择"ADDIE模型"，A为对学生与教材的分析；D是对内容结构、表达方式的设计；D是微课视频的制作；I是在各个教学环节的应用；E是对微课效果与学习效果的评价。教师需要全面分析学生需求，确定难点重点后利用录屏软件来录制微课，对于演示性、操作性较强的内容，可利用智能手机辅助拍摄，还可通过网络获取学习资源，通过对比和分析后，制作出符合蒙古族大学生实际能力的微课。

3. 甄选个性化教学内容

在目前的高校英语教学中，教师对于教材的依赖性较大，教学重点也是教材中的文章、句型、语法和词汇，这会导致学生所接收到的内容受到限制，不利于学生英语综合素养的培育，特别是每个学生的专业和后续发展目标不同，他们希望能够得到更为丰富的教学内容。在大数据时代下，各类教学资源得到了极大地丰富，且时效性得到了大幅提升，教师对于教学资源的推送享有了更大的便捷性，还能够根据学生的个性化需求做到精准推送。对此，可以借助大数据了解不同专业、不同兴趣爱好的学生对于英语知识和技能的诉求，优化教学体系，使英语教学内容能够更加契合学生的职业发展需求和兴趣爱好。在高校方面，也需要在企业、教师之间打造出一个桥梁，加强校企合作，将本校学生对英语学习的诉求反馈至企业，校企共同合作来为学生提供个性化的英语学习资源，结合认知科学、心理学、教育学、英语语言学等内容于一体，充分挖掘教学数据、教学内容的潜在价值，开发丰富的电子教学资源，将大数据的算法功能融入到电子资源系统中，根据师生的点击率和好评率作为线上教学资源的筛选依据。同时，内容的提供还要做到多模块，挖掘除了图片、文字之外的其他资源，将其作为纸质教学资源的补充。

---

❶ 刘涛：《基于大数据时代的大学英语写作教学改革分析》，《电子测试》2016年第14期。

4. 设置职能产学研教室

在大数据时代下，创新英语教学活动还需要加强师生互动，打造出全新的师生关系，逐步建立起"产业—教学—互动—研究"的循环体系。具体来看，要让师生在多模态教学中发挥作用。教师层面上，需要明确自身的角色，在教学导入阶段，可以使用视觉、口语、听觉模态来引导蒙古族大学生主动思考，在教学环节，可以在 PPT 基础上加入微课、录像、口语、听力等多个模块，为学生展示教学主题细节，考查学生的预习和思考情况，观察学生的反馈，营造出自然互动的氛围；在学生层面上，需要根据教师的指导来开展英语学习，利用大数据技术提高学习效率，综合借助视觉、口语、触觉等模态提高自主学习能力，师生之间共同提升。

5. 升级教学评价体系

大数据技术的支持让英语教学变得更加高效。利用大数据，可以精准定位学生需求，教师也可利用大数据客观了解学生的未来发展诉求。利用大数据技术，也能够精准评价出蒙古族大学生的英语学习情况，具体可以利用全息可视化技术构建自动评估系统，在每一次的教学结束后，教师都能够为学生提供个性化的评价方案，如此便为教学活动的改革提供了有效依据，也能够鼓励学生开展难度更高的英语学习。

三、构建英语智慧课堂环境

（一）相关概念介绍

1. 智慧教育

2018年，教育部发布了《教育信息化2.0行动计划》，从国家层面明确了智慧教育的概念。目前，对于智慧教育的定义有三种观点。第一种观点认为，智慧教育在帮助学生掌握知识的过程中要达到启发心智的作用，即学习思考；第二种观点认为，智慧教育是教育信息化发展的一种高级阶段，带动着现代化教育模式的创新；第三种观点认为，智慧教育是课堂和技术手段的完美结合，能够满足学生的个性化学习需求，给学生带来良好的学习体验[1]。综合来看，智慧教育是教育发展的一种新型形式，是借助各种先进信息技术手段来提高教育的智慧化程度和效率。上述观点均有可取之处。另外，智慧教育不仅要利用先进的教学方法，采用先进的技术手段，使学生创在轻松愉悦的环境下高效学习，为国家培育优质的人才。

2. 智慧课堂

当今时代，"智慧"成为一个热词，"智慧校园""智慧教育""智慧课堂"等已经从

---

[1] 李晓娜：《英语智慧课堂生态构建研究》，《教学与管理》（理论版）2019年第11期。

理论设想成为现实，智慧通过为教育赋能从而改变了教育生态。通过智慧课堂，包括课前、课中、课后的全程教学都能够实现智能化。这种全新、高效的教学课堂是信息化与课堂相结合的表现形式和必然结果。通过智慧课堂，新的教学理念得到实施，现代化的教学方法和技术手段不断创新，教学手段和信息技术实现了深度融合，英语教学迎来了全新的时代。

英语智慧课堂具有以下特征：

第一，学习资料的共享。利用智慧课堂开展英语教学，能够解决教学资料与现代社会发展相比稍微滞后的弊端。大学英语教学与现代信息技术结合之后，海量、丰富的英语课程学习资源以便利的方式提供给师生，顺利实现师生共享、学生共享。不但方式快捷，而且资料丰富多样，包括图片、文字、音频、视频、微课、慕课等不同形式，能够为不同基础的学生提供个性化的精准资料。

第二，以学定教、精准支持。运用智慧课堂，综合各类技术手段支持开展教学，能够为英语教学的全过程提供精准的数据支持。在课前预习阶段，教师可以根据学生的具体情况精准推送相关资料，通过自主学习、合作学习来完成教学任务，同时教师可以结合智慧课堂的技术来获取学生的学习数据，了解学生的学习动态；课中，先进的技术和海量的数据能够帮助教师拓展课堂，增加课堂的含金量，对教材内容进行补充，课后，教师通过智慧课堂针对学生的知识掌握情况设置个性化作业，从而做到分层教学、差异化教学和因材施教。

第三，支持多元的学习方式。运用智慧课堂，学生可以实现多元学习方式，有助于学生学习能力的提高。学生可以依靠智慧课堂的现代化技术，开展合作学习、探究学习与自主学习，从而实现自我提升和自我发展，真正做到了以学生为中心开展教学活动，促进学生的成长。

第四，提供更加智能的技术支持。智慧课堂通过智慧平台提供多样化的功能来支持教学，包括但不局限于线上方式、线下方式、线上与线下混合、人机互动等方式。其提供的教学资料形式多样，PPT、音频、视频等还可多元组合，还设置讨论区、班级空间等实现学生互动和师生互动。另外，智慧平台能够实现给学生设置个性化分层作业，支持教师对学生机动分组，使大学英语教学的私人定制成为了可能。

（二）打造英语智慧课堂的意义

1. 实现教育公平

智慧课堂使师生的交流变得更加快捷、便利，远程互动化的交互促进了优质师资资源的共享，有助于实现教育公平。借助信息技术，学生还能够同步看到其他学校的教育场景，让英语教学实现了异地同步，学生的英语学习不再受时空因素的限制，可以共享优质的师资教学资源，支持共同的合作探索，让课堂变得更为生动、有趣。在时间方面，师生交流也不再局限在课堂。教师授课过程中，学生可以不受时间限制随时提问，有助于培养学生科学的质疑精神，锻炼学生的思维，使优质师资资源在更大范围流动和传播，发挥更大价值；从空间来看，智慧课堂给学生提供了较大的自由度，学生可以根据自己的情况调整学习节奏，打破空间限制建立学习协作，这些优势能够为欠发达地区学生提供了更多的发展可能。

2. 激活学生兴趣

只有让学生对一门课程产生浓厚兴趣，才能够使之主动投入到探索活动中。如果学生在学习中常常遇到挫折和困难，就会感到无助、烦躁，也不会积极思考。高校每节英语课以45分钟为单位开展教学。如果学生在这个时间段内出现注意力分散，就会极大影响他们的理解能力和学习效果。现代化信息技术手段的应用可以有效解决这类问题，利用视频、图片、动画、音频等，使单一枯燥的图像、文字变得更为生动，能够有效激活学生的英语学习动机。

3. 提高课堂教学效率

智慧课堂支持个性化的学习和教学，也有了更为多元化的教学工具。一节生动高效的英语课程应当着眼于多数学生的共性问题，丰富教学内容，通过师生和学生的交流解决学生的学习问题，帮助他们掌握知识要点运用。大学英语智慧课堂，可以把课前准备、课中教学、课后考核结合起来，构建一体化的教学和考核模式，实现课堂高效互动，评价多元及时，实施精准指导。英语智慧课堂提供多元化的英语教学内容，使课堂容量显著增大，这样，英语课堂就变得快节奏、高密度。

4. 减轻教师教学负担

智能化的课件能够为教师提供更多的资源支持。在建立了教学资源库之后，可以为教师自动匹配最佳的音频、视频、解析课件、练习试题和应用案例，使备课变得更加快捷、方便，大大减少了教师的课件制作时间。一般情况下只需要10分钟左右就可以完成平时需要几小时才能完成的任务，设计出的课件不仅具有较强的适应性，还可以减轻教师的备课负担，且数据反馈也十分精准，这为教师节约了大量时间。

5. 提高英语教学质量

智慧课堂支持教师设置有趣丰富的活动，为学生提供多种感官刺激，激发学生的兴趣，从而激励他们主动参与到英语教学的诸多环节，让学生能够积极实践、主动思考，成为课堂的主人。英语课堂是帮助学生成长、成才的主要场所，对于蒙古族大学生而言，课堂也是开展素质教育的主要途径，利用智慧课堂能够节约大量时间，节约下来的时间教师可以留给学生自主学习、合作探究，也可利用这些富余时间来为后进生提供指导，从而有效带动英语课堂教学质量的提升。

6. 做到因材施教

在传统的英语课堂教学中，学生的英语基础和学习能力各有差别，造成教师很难兼顾每一层次的学生，在设计任务时对难易程度把握不准，讲解新知识时为难以掌握节奏的快慢。运用智慧课堂的现代化技术，教师可以根据学生的不同层次输入不同的教学资源，学生也可以从自身基础和学习能力、学习目标出发，构建自己的学习空间，真正实现了因材施教，循序渐进。处于不同阶段的学习者可以阶梯式增加学习难度，便每一层次的学生都能从最近发展区开始，实现更高层次的探索，获得不同程度的进步。

（三）英语智慧课堂环境设计原则

第一，系统性原则。在智慧课堂背景下的大学英语教学中，首要遵循的原则就是系统性原则，要求着眼于英语教学的整个环节，充分考虑到系统的各个角度以及各个元素的意义和相互之间的联系，以此来提高设计质量。系统性原则还要求关注所传授内容的系统性。有时候，英语学科的知识点存在明显的碎片化特点，为了提高蒙古族大学生的英语学习质量，在教学时，需要将各类知识点有效串联，以提高学生的学习质量。

第二，主体性原则。在大学英语课堂上，学生是重要的主体，也是知识的获得者，学生的参与性和主动性与英语教学质量息息相关。在智慧课堂的设计中，需要时刻遵循学生的中心地位，课前做好备课，充分了解学生的学情，课堂上将学习活动交还给学生，通过问题来引导学生主动思考，生成和展示答案，课后通过过程性评价、总结性评价的结合方式帮助学生巩固所学内容。英语学习能力的发展是一种较深层次的心理活动，教师不能替代学生，因此，在智慧课堂中，必须要彰显出学生的主观能动性，教师则是监督者、引导者的角色，不能喧宾夺主。

第三，教师主导原则。尊重学生的主体地位，提高学生的参与积极性并不是要削弱教师作用，相反，在课堂上教师起的作用比传统课堂的作用要更大。如果说课堂是一艘船，那么教师就是"舵手"。没有教师的掌舵，这艘船就无法前进。蒙古族大学生如果在课堂学习中出现思想抛锚等问题，教师就要及时引导学生走入正轨。同时，如果学生的知识面较窄，分析问题时出现困难，此时也需要教师的及时点拨，帮助学生答疑解惑，因此，在智慧课堂中应当以学生为主体、教师为主导。

（四）构建英语智慧课堂环境的具体方法

1. 更新教学理念

在智慧教育的支持下，大学英语教学活动与传统教学有了显著差别。运用智慧课堂的信息技术，能够克服传统教学的一些弊端。比如，在教学目标的设定上，现代化的智能技术能够根据学生的实时表现不断调整教学目标，促进学生由浅入深地学习，逐步达到英语教学的三个境界，即"知其然""知其所以然""何以知其所以然"，也就是说，由理解表层意思到锻炼语言思维，最后掌握正确的语言应用方式。充分利用智慧课堂，要求教师首先更新教育理念观念，仔细分析目前蒙古族大学生英语教学中存在的不足，运用科学的手段和现代技术使教学活动"灵活多样，为学生提供英语学习的"支架"，促进学生学习方法的改进和提高。

另外，英语教师还要培养英语教学设计思维，灵活开展英语教学。运用智慧课堂开展教学，并非是各种现代化教学手段和科学技术简单叠加，而是一种基于教师研究学生群体特征、各种技术有机结合、教学活动循序渐进的综合过程。在智慧课堂的学习环境下，教师不但要能够熟练运用信息化技术，还要培养数据思维，运用数据为教学服务，为提高学生的学习成效服务。要改变传统教学中的单向思维，不断思考和实践备课、授课和辅导方式，才能构建适合于蒙古族大学生的英语学习的英语教学模式。为了完成这些教学目标，教师要加强学习，掌握智慧生成，充分利用智慧课堂实现因材施教。

2. 优化课程教学环节

从蒙古族大学生的实际学情出发，可以从课前、课中、课后三个阶段来构建英语智慧课堂，并关注和每个阶段相适应的学习内容、学习时空、学习工具和教与学的方法。例如在一个典型的英语阅读课上，课前的学习内容主要是让学生了解阅读材料相关的背景知识，该部分内容可在课下完成学习，所使用的学习工具可以是智慧平板或者智能手机，学习方法可以是自主预习或者合作分享。

课中是阅读智慧课堂的核心部分，教师要收集学生在课前进行准备的具体情况，来设计教学方案。课中的教学活动一般主包括词汇准备、阅读、当堂检测、拓展阅读几个环节，主要目的是鼓励学生的自主合作和探究学习，来提高学生的理解能力、应用能力和创新能力。

第一步，词汇准备。可以引导学生根据标题和图片猜测文章主旨，然后速读文本，猜测生词的含义，利用软件查阅生字含义，利用智慧平台检测词汇掌握情况，根据检测结果重点讲解学生未掌握的单词，完成词汇准备。

第二步，结构可视化。学生完成初步阅读后，要求学生根据自己的理解绘制思维导图，培养学生的高阶思维方式，进一步提高学生的理解能力和创新能力。

第三步，当堂检测。学生完成第一步和第二步后，教师通过智慧平台设置阅读理解题目，做到即学即练。学生通过平台得出测试成绩后立刻开始分析学生理解的弱点，精准讲解。

第四步，扩展阅读。教师为学生布置一篇类似文本投放平台，利用智慧平台的讨论区，开展师生互动和学生互动，完成深入阅读。

第五步，阅读输出。形式多样，包括汇报展示、角色扮演、英语访谈、改编试题、完形填空、写作任务等类型，增强语言学习的交际性，提升学生的应用能力和创新能力。

3. 发挥虚拟现实技术教育作用

为了更好地促进大学英语教学，还需要发挥虚拟现实技术的辅助作用。虚拟现实也被称为"虚拟实境"，简称"VR"，是近些年来发展起来的一种高端技术，已经在多个领域中得到了广泛使用，比如教育娱乐、游戏、军事、建筑设计、心理治疗、航空航天、远程医疗等❶。虚拟现实技术能够模拟现实世界，在三维高仿真的虚拟环境中营造出逼真的现场感，融合了声音反馈、高速三维图像、触觉反馈、心理学、计算机特殊辅助等技术，具有交互性、沉浸性、实体性和立体性的特点。虚拟现实技术也为英语教学改革提供了新的渠道。因此，在发挥在线学习平台作用的同时，还可借助虚拟现实技术来开展教学，为学生设置浸入式的虚拟文化学习环境，打破英语学习的时空束缚，使学生的学习活动能够跨越疆域、穿越时空，在各个逼真的文化场景中身临其境地了解西方国家的建筑风格、自然风貌、家居摆设、工艺设计、工作场景等。在这种模式下，晦涩、单调的英语内容被生动形象地展示在学生面前，摒弃了传统被动式的学习方法，实现了从多种渠道来营造一种真实的交际场景，使学生可以重新构建表层文化行为所需的英语知识，并且还能够精准记录学生个体的反馈信息，促进学生各项能力的阶梯式发展。实践证明，虚拟现实技术的应用改变了传统的教学模式，这种浸入式教学更受学生的欢迎。

4. 创新作业的布置方式

在传统英语教学模式中，教师布置作业的形式比较单一，没有考虑到学生的个体差异。智慧课堂的应用解决了这种统一作业的弊端。教师可以根据学生的个体差异和要考查的学生能力，结合平台所提供的趣味问答、图画作业、语音作业、视频作业、小组竞赛等多种方式，分层次地布置多样作业。比如，可以把阅读材料的文字知识转化成视频作业来提交。可以布置小组合作任务来培养学生的团队合作能力。

学生提交作业后，教师要充分利用智慧课堂所提供的现代技术，灵活进行作业点评、作业分析，使作业成为监测学生学习、指导教师教学的有效手段。

（1）智慧点评

充分利用智慧平台所支持的多类型评语模板，使用个别化、个性化的评语来评价学生作业，增加学生对作业反馈的兴趣，指出他们的问题和缺点，提供学生的努力方向。

（2）智慧分析

完成作业点评后，智慧平台能够根据学生的作业完成情况形成分析报告，可以采用

---

❶ 范冬梅：《基于虚拟现实（VR）技术的大学英语教学模式研究》，《海外英语》（下）2022年第2期。

日报告、周报告、月报告、学期报告、年度报告等多种形式，在不同的观察期研究学生的作业产出，找出学生在阅读中的优势和劣势，为改善练习提供参考。

5. **利用 VR 技术，创新教学模式。**

对少数民族大学生来说，VR 对教学和学习的辅助作用更加凸显。教师在设置作业时，可以根据学生的具体信息，生成不同的学习情境，让学生在自己所熟悉的场景下进行学习、互动，更加贴近学生的思维模式和学习习惯。在布置个性化作业时，除了配置不同的场景，根据学生自身的水平安排不同难度的、不同内容的作业，学生还可以根据其喜好选择其完成作业的方式，如语音、视频、文字等，更加契合少数民族大学生学习英语的个性化习惯和倾向。

四、设置互动化课堂教学环境

（一）概念的界定

1. 互动与互动化教学

互动分为广义的互动和狭义的互动。广义的互动是指物质之间的相互作用和影响，狭义方面就是人与人之间通过语言或者其他手段进行的交流活动。在互动过程中有三个关键要素，第一，有交替和交互的媒介；第二，互动过程会产生作用和影响；第三，这种作用和影响会导致互动双方的一方或者双方在心理、行为上发生改变。

互动教学就是要求学生从传统的知识接受者转化为主动参与者，要求学生作为课堂的主体来存在。只有达成这一目标，才能以互动方式实现教学。互动教学的核心是把教学活动的重心从以前的教师为主转变成以学生为中心。互动教学不仅要革新教学方法，还要转化师生理念，做到开放、动态、发展、平等。作为现代化教育发展所取得的重要成果，互动教学实现了以学生为中心的教育原则，教师通过引导和启发完成教学，师生、学生共同参与教学活动。互动教学在现代教育中有广泛使用，尤其适合应用于外语教学之中。

2. 互动化教学的类型和特征

互动化教学的类型较多，有的观点认为，互动化教学分为师生互动和学生互动。互动化教学要求在"教""学"两个环节实现动态化互动，将教和学有机联系起来。互动教学具有几个重要特征：一是互动性。互动化教学最重要的特征是各种层面上的互动，这种互动与单一传统的互动不同，是基于某一教学目标而设计的互动教学，根据教学要求和学生特点组织的互动活动，要求通过互动来达成既定的教学目标；二是开放性。互动化教学是以教学需求作为终点合理安排教学项目，要求打破传统的教学设计，采用多角度方式组织互动活动；三是探究性。目的是提高学生的学习质量，这要求师生、学生在互动过程中不断深入，获取新的知识点，提高学生的学习能力和互动技巧；四是民主性。要做到平等的交流，那么就需要创造民主氛围。平等是互动的客观要求，理想的互动教学应当做到平等交流、合理反馈，这是互动教学取得理想成果的关键所在。

（二）互动化课堂教学环境的设置原则

互动化课堂教学的创设必须要符合英语教学要求，把教学活动的重心从过去的"教"转化为以"学"为中心。要强调互动内容的实用性、趣味性和挑战性，才能有效激活学生的内在动机，因此，互动化课堂教学的设置上需要关注几个要点：

1. 兴趣至上

内在动机是决定学习是否成功的关键要素，内在动机功能是驱使学习兴趣的发生。在语言学习过程中，兴趣不仅能够激发语言学习，还可以定向目标、渲染情绪、引导注意，同时也会对整个英语教学阶段产生影响。在互动化课堂教学环境的设置上，需要注重营造出和谐、融洽的师生关系，改变课堂的沉闷氛围，让英语学习活动变得趣味生动。要达到这一目标，还需要从三个角度来着手：一是多样性。多样性能够为增加英语学习的趣味性，对学生的大脑产生刺激作用，使其处于兴奋状态。要调动学生的学习兴趣，需要运用多样化的教学手段来呈现教学内容，组织丰富的教学活动，让学生能够不断在教学活动中变换角色，对英语学习保持源源不断的新鲜感；二是易解性。易解性就是指英语教学内容需要在学生的理解范围内。如果所选内容远高于当前学生知识水平，尽管学生刻苦学习但依然无法理解，这容易让他们产生挫败感、丧失信心。内容过于简单也不行，简单的内容缺乏挑战，学生无法学习到新知识。只有达到易解性要求，学习才是有意义的；三是和谐性。和谐的课堂氛围和师生关系能够有效提高学生兴趣，为成功的教学活动提供保障，因此，英语教师必须要关注到学生的情感要素，予以他们情感层面的支持、尊重、关注每个学生，了解学生的个性和潜力，帮助他们取得成功和进步。

2. 综合选择内容

第一，语言技能的综合。通过营造互动式的教学环境，可以使学生的听、说、读、写、译能力得到更好的锻炼，这也是针对少数民族大学生开展英语互动教学的关键。在英语学习这个有机整体中，每一个板块之间都相互联系、相互依存，在教学活动中，各类题型、内容都要表现出语言技能综合性的特点。

第二，教学方法的综合。在语言教学活动中出现了多种教学方法，在不同时期起到了不同的重要作用，但是每一种教学方法都是侧重某一个或者多个方面，难免会都有其局限性。互动化教学尽管具备了很多教学方法的优势，但是互动教学也有不足之处，因此，在采用互动化教学时，还需要配合应用其他教学方法，不能生搬硬套，要通过灵活的方法综合提高学生各项能力。

第三，语言和文化的综合。语言和文化之间本身有着密切联系，语言属于文化的载体，文化促进语言的发展，要学好语言，不能忽视背后的文化，越是能够细致了解语言背后的文化、历史、风俗、习惯，就越是可以准确理解语言，因此，在互动化教学中，必须要关注语言和文化之间的综合性。

第四，课堂内外的综合。在课堂教学中，教师可以安排多种多样的教学活动，使用多样的教学方法来引导学生掌握知识，但是语言学习是一个相对较长的复杂过程，需要结合足够的训练和科学的方法。学生通过课堂学习一门语言，其时间是远远不够的，所以成效必然是不理想的，因此，要关注并充分利用课外教学，形成对课堂教学的补充和延伸。教师可以为学生布置多元化的课外活动，还可以提供一对一的课外辅导，总之，要增加学生的语言实践机会，让他们在具体的语境中得到锻炼。

（三）设置互动化课堂教学环境

1. 合理设计互动教学活动

找准问题是互动化教学能够顺利开展的关键之一。为了保障学生的互动能够顺利进行，那么就需要找到难点和热点，为学生精心设置互动活动。英语互动化教学需要有明确目标，目标需要结合蒙古族大学生的学习兴趣和学习热情，再根据英语语言技能作为基本目标来设计。互动不应当只是简单的活跃课堂氛围，还应当根据学生的专业分类和学习需求来进行设计，要控制好内容、互动时机，明确互动所要达到的效果。同时，教师需要观察学生的互动反应，知晓如何让学生能够更好地投入到互动活动中。分配给学生的互动任务也要难易适中，既要有挑战性、也不能难度过高，需要根据不同层次学生来调整内容和难度。比如，对于学困生，可降低其参与互动活动的难度。在设计互动活动时，要结合教学设备的情况和学生人数的多少，设计和安排不同的互动活动，尽量通过小班制的方式来组织教学，同时利用辅助设备，让学生能够轻松、自信地学习英语。在少数民族学生较多的班级，可以实行同民族学生分组和多种民族学生分组，使同学们加强互动，增进了解，体验不同的文化，在这其中又学习了英语语言文化知识，促进了学生英语学习的产出，收到事半功倍的效果。

2. 提高学生互动参与度

互动化教学属于全息的过程化教学方式，是基于建构主义理论为依托，要求凸显出学生的中心地位，强调以学生为中心。蒙古族大学生的英语基础相对薄弱，从这种学情出发，结合建构主义的理论应用基础，在开展教学时需要以学生为中心设计有效地互动活动，让学生能够"动"起来。根据蒙古族大学生英语学习的具体特点，可以考虑从以下几个方面来进行。一是结合学生熟悉和感兴趣的热点问题作为切入点，引导学生"动"起来：选择学生熟悉的主题内容和热门话题，鼓励学生自行提出观点，参与进来，指导学生利用信息化技术手段开展生生互动、相互交流；二是借助教学重点让学生"动"起来。在互动化教学的应用上，还需要把握好重点和难点，教师要提前深入理解教学大纲、研究教材，挖掘教材中的知识点，围绕知识点设计更具价值的互动活动来深化和扩展教学内容；三是利用教学疑点让学生"动"起来：教学疑点是教学内容的重要组成，也能够激发学生的深度思考和探索。在互动时，可以针对一些疑点来设置互动内容，让学生学会用质疑态度面对话题、培养批判式思维，让学生带着问题参与互动进行探索式学习，并成为互动的主体。面对疑问，学生往往是十分敏感的，通过这种互动话题可以有效激发学生的探索欲望。

3. 构建高效的互动组织形式

理想的英语教学活动应当做到动口、动手兼用，这是帮助学生实现听、说、读、写学习的有效方式。考虑到蒙古族大学生的英语基础参差不齐，在互动时就需要突出伙伴的重要性，鼓励学生在互动中用英语来表达，合理选择互动伙伴和小组成员，并且互动应当在动态环境下实施。此时，教师需要予以学生清晰的指令，如果指令不够清晰，将会导致教学活动变得无序、杂乱，也就无法开展互动式教学。另外，学生的座位编排也要合理，不能采用"秧田式"的座位布置方式，要方便小组的组合和拆分，可以将互动小组成员作为标准来编排，避免过多的准备和调整时间，争取在最短时间内达成目标。

4. 加强师生的情感互动

教师要建设相互互助的师生关系，通过个体与群体、个体与个体、群体与群体之间的互动鼓励学生寻找问题的切入点，通过设问、回答、质疑、答疑、补充、扩展等方式，成为小组讨论的积极参与者。小组互动进行过程中，教师要承担好组织者和调动者的角色，随时关注每个小组和学生个体的学习态度和进展情况，对于态度消极者要予以重点指导。在组织互动时，除了要灵活应用语言，还需要用到其他内容。教材是英语教学的主要媒介，教师在准备环节就需要提前备好各项内容，以支持学生的情感互动。同时，要注意到，师生的有效互动就是思想和情感的交流过程，师生双方的情感交流能够更好地促进互动开展。教师应当为人师表，关注学生的进步，及时肯定学生取得的成绩，形成融洽的师生关系。

5. 创设多元评价机制

从建构主义角度，认知个体对客观世界进行认知和解释时，所采纳的方式是主动的方式。和其他大学生学习一样，蒙古族大学生的英语学习也遵循"木桶效应"，因此，在互动式教学中也需要采用与传统教学不同的评价方法，通过多元评价、多种能力评价、多元主体参与的方式来改变传统评价活动的不足。在横向维度上，要重视课前评价，通过互动教学设计组织学生参与课前准备，针对学生的投入情况、参与度、资料收集情况予以精准评价，在评价活动中，避免用同样的标准来评估学生；关于纵向维度，需采用线上评价、线下评价的结合方式，既要对课堂上学生的表现予以评价和反馈，也要关注学生在线上互动的参与情况。总之，整个评价要坚持以学生为中心，采用量化方法来评价学生，并充分利用大数据所收集的有关学生互动的全程资料，来判断学生的互动参与积极性。

为了解决当前蒙古族大学生英语教学中的问题，需要做好英语课程教学资源库的建设，利用英语课程教学资源库，改善少数民族大学生的外语学习模式。同时，大数据在各个行业和领域中得到了广泛应用，进一步推动了社会的发展。在少数民族大学生英语教学中，充分发挥教育大数据的支撑作用，精准定位学生需求，了解学生的未来发展诉求，为教学活动的改革提供有效依据。在现代科学技术的辅助作用下，要创新教学理念，发挥 VR 等先进技术的教学作用，构建英语智慧课堂环境。还要设置互动化课堂教学环境，激活学生的内在学习动机，让学生体会到互动式学习的趣味性和挑战性，真正改善语言学习的综合环境。

第八章　人工智能与大学英语教学

进入21世纪，信息技术迅猛发展，人工智能对人类社会产生深远影响，人们的工作、生活和交往方式发生了极大改变，信息技术也对教育产生了影响。《教育信息化十年发展规划（2011—2020年）》明确指出："高等教育信息化是促进高等教育改革创新和提高质量的有效途径，是教育信息化发展的创新前沿。重点推进信息技术与高等教育的深度融合，促进高等教育质量全面提高"。● 信息时代对大学生英语运用能力提出了更高要求，传统大学英语教学需要根据学生的具体要求，充分运用人工智能等现代化技术，采用切实有效的方法来提高学生的英语综合素质。

一、概述

作为一门新的技术学，"人工智能"最早起源于美国，学科属性上是计算机科学的分支，由仿生学、信息论、控制论、自动化等多门学科交叉形成，是用于模拟、延伸和扩展人类智能的理论、方法和技术。在科技迅猛发展的今天，云计算、大数据、数字孪生、VR/AR、人工智能、区块链等智能技术已经广泛运用于教育领域，融合现实和虚拟、联合人类和机器、线上和线下交互，通过智慧学习空间为每个学生提供精准、个性化的学习资源、量身定做学习任务，支持学生进行智慧学习。例如，作为一种基于自然语言处理的语言生成模型，ChatGPT成为一个语言学习的重要工具，可以与学习者开展实时对话，对学习者的学习状况提供实时的反馈和指导，从而既增强了语言学习的互动性，体现了学习的个性化，又为英语学习提供了新的辅助形式。

二、人工智能对外语学习者形成的优势与挑战

人工智能技术运用于外语教学，具有其他工具所不具备的独特优势，同时也存在诸

● 李林钰：《互联网＋教学》，《中国教育信息化》2012年第8期。

多挑战。

（一）人工智能在推动外语学习方面的优势

1.为外语学习提供了丰富立体的学习资源

人工智能进入外语教学领域后，精准高效地记录学习行为，形成大量丰富的智能化资源，如各类在线学习平台、网络课程、数据采集和分析软件等，有效弥补了传统教学中资源的不足，与线下资源有机结合，形成了智慧学习空间。通过线上资源和线下资源联动、虚实环境的深度融合，使万物物联成为可能。这些资源构成丰富的学习材料，满足了混合式教学的需求，能够支持教师运用混合式、探究式、交互式、任务式等教学模式开展教学活动。学习者利用海量的与个人学习水平相符合并紧密相关的学习资源，可以根据个人偏好自主选择适合的学习内容，开展个性化的学习。

以写作为例。写作是语言输出的过程，良好的语言输出需要丰富的语言输入。人工智能技术的加入为学生提供了丰富的写作资源，使学生具有更加丰富多样的可选资源，学习渠道多样，学习效率得到提高。教师可以指导学生合理使用在线学习资源和工具，帮助学生筛选高质量的写作教程和范文，来引导学生增加自己的语言输入。❶

面对多种学习资源，学生可以根据自己的兴趣、爱好和学习方式选择平台，开展在线课程学习，并在学习过程中积累大量写作素材和语言知识，用于后期的写作输出。在学习方式上，学生不仅仅局限于以前的传统模式，还可以参加在线写作论坛，与智慧学习助手开展沟通对话，以交互式的学习来促进学习的成果输出，提升学习效果。

2.促进多样授课形式的形成与实施，利于开展个性化指导

随着人工智能技术大量广泛运用于教学，教师可以借助多种人工智能手段，利用媒体资源开展线上线下混合式教学，实施翻转课堂等新教学模式，并根据学生的个体差异和学习状况的即时监控，开展分类指导，布置个性化学习任务。人工智能技术能实时监控学生的学习状况，便于学生自我监督，帮助学生发现并纠正错误，也能给教师提供实时反馈。根据人工智能技术所形成的数据，教师可以运用人工智能工具分析每个个体学习者独特的学习节奏、优势和劣势、学习能力和学习偏好来定制教学内容，为学生设计个性化的学习计划和练习方式，助力学生运用适合自己学习特征的学习策略，增强学习的自信心。

如在写作教学中，运用人工智能技术，学生可以即时在线提交习作，这种提交方式快捷简单，改变了以往学生线下集中提交作文，导致教师工作量激增的情况。收到学生提交的作文后，教师运用批改网等强大的智能技术，能够进行即时批改学生作文，识别

---

❶ 陈茉，吕明臣：《ChatGPT环境下的大学英语写作教学》，《当代外语研究》2024年第2期。

学生习作中的语法错误、拼写错误、结构性错误，还能标识出学生作文的相似度，甄别学生是否原创，可以极大减少学生作文抄袭行为。参照软件批阅结果，结合软件对学生提出的修改建议，教师可以对学生进行相应个性化指导，从而提高英语教学的有效性。另外，由于人工智能技术不断进步，各种形式的虚拟教师开始广泛应用在课堂教学，成为英语教师的教学工作助手和教学伙伴，可以与师生展开沟通交流，共同致力于学生的培养和教育。

3. 提供多元的学习环境

基于人工智能、5G、大数据、虚拟现实等智能技术与线下资源紧密结合，为语言学习提供了虚实共生、线下与线上联动、师生随时互动的学习环境，提高了学习活动的交互性。随着物理空间和人工智能技术支撑的虚拟空间多层次融合，为语言学习者构成了沉浸式、体验式的智慧学习环境，语言学习者突破了原有的有限的和固定的物理空间，与人工智能技术所形成的智能学伴、虚拟同伴、人工智能助手等开展合作学习，促进人机协同，利用多种模态的学习资料并获得及时反馈，使学习者学习的体验感大大增强。

大学英语写作课中，计算机智能写作系统与应用在辅助写作批改与反馈方面显示出了一定优势。运用批改网等英语写作教学与评阅系统，可以进行作业评阅，并做出智能评价，提高了教师的工作效率，也使师生之间的沟通突破了时空界限，可以在任何时间、任何地点发生。从学生角度出发，通过灵活、便捷的网络，他们可以在第一时间看到教师的反馈意见，可以及时与教师沟通交流，对作业进行修改后再次提交，实现"教"与"学"的及时互动。运用人工智能技术，学生在学习过程中遇到问题，不仅可以随时通过网络与教师沟通，还可以得到及时的反馈、指导与帮助，增强了师生互动和师生之间的联系，学生的写作情感也会发生变化。

4. 提高英语教学资源的利用率

人工智能技术应用于外语教学，有助于提高英语教学资源的利用率。人工智能对传统教模式形成了有效补充，打破了以前教育资源共享的时空限制，促进了教育信息化进程。同时，大量的教育资料多维、动态地呈现教育的全貌，有利于筛选出优质教育资源并不断丰富，不断被不同的教师和学生进行提取、运用，越来越多的高校学生和社会各界学习者也可以通过人工智能平台来获得这些知识，共享教学资源，开展互动交流。通过快捷高效地资源共享，扩大了优质资源的应用范围，提升了知识的利用价值。

5. 实现了多元考核和综合评价

使用人工智能技术，能够构建不同于传统评价方式的丰富多样的多元评价体系。这种评价体系结合线上与线下、自评与他评、定量评价与定性评价，充分利用智慧学习环境，综合、精准地科学评价学生。其特点是，首先，**数据来源多样**。除了线下考核数据，涉及面授考勤、课堂表现记录、实践实训评价，包括线下合作探究情况、师生交流互动情况、学生学习成果展示情况等，还可以通过实时记录学习者的学习数据，获取学习者线上作业、测试、讨论、评价数据，包括线上学习行为记录、课程单元练习、在线测试成绩、在线学习讨论表现等相关数据，教师可以随时针对这些实时数据对学习者进行状态评估。结合线下和线上的学习数据把诊断性评价、形成性评价与终结性评价有机结合，开展多维、多元智能评价，科学展现学习成果，促进外语学习成效提升。

多元评价体系采纳了更加丰富立体的评价方式。除了传统的教师评价，运用人工智能技术，教师可以组织学生进行自评、互评、机评，并运用人工智能技术形成成绩曲线图，生成学生的学习报告，以直观形象的方式呈现学生的学习状态，实行分段计分，更加科学、合理地综合评价学生。例如，使用某平台的智能软件，可以了解学生的学习时长、正确率，从不同的视角了解学生的学习行为，进行分类指导，凸显评价的客观性和准确性，实现以评促教、以评促学。

6. 加强了学生自主学习能力的培养

通过应用人工智能技术，学生在运用技术过程中加强了与智能助手的互动，提升了语言实际运用能力。学生还可以自我监控学习状态，对自我学习活动进行调整，并进一步根据学习节奏和学习效果高效安排、合理规划，还可以对学习效果进行有效评价，并用评价结果来指导下一步的学习活动。

比如，ChatGPT作为一款智能软件，能够模拟人类的思维方式，重现思维求解、推导过程，可以广泛运用在英语学习中。它可以用作智能辅助教学工具，帮助学生解答问题、提供解释、提供学习资源，为学生提供个性化的学习支持和即时反馈，提高学习效果和学习动力。在听力训练中，人工智能也发挥了巨大作用。教师通过筛选出一些重点句子或短语，为让学生设置复述练习或解释任务，利用人工智能自带的智能语音识别系统来辨识学生的发音、语流语调正确与否，并即时作出标识，让学生在学习时随时了解自己的真实水平，既增加了自我纠正的紧迫感，又提高了时效性，同时培养他们的语感与自信心。

通过与ChatGPT的沟通，学生将基于个人爱好和学习目标的互动提问融入与人工智能的对话中，与人工智能驱动的虚拟角色在一个类似真实的英语语境下进行交流，能使学生和计算机进行互动对话，这种互动学习体验能提升学生的听力技能，强化他们的理解能力。在与人工智能学习助手互动的过程中，为了获得更优的结果，学习者不断修正和优化提问方式，增加了学习者语言运用的机会，也促进了学习者语言表达能力的提高。

运用类似于ChatGPT这样的人工智能软件进行语言学习，可以减轻学生的学习焦虑，为学习者自主进行更加高效地练习创造了更加便利的条件。在听说课程中，学生没有必要被动地按照教师的速度进行听力练习，而是可以随时按照自己的水平和节奏学习，满足了不同层次学生学习知识的需求，调动了学生进行英语语言知识听说操练的能动性，整体提升了英语听说教学效率，帮助教师顺利地完成教学目标，又潜移默化地提升了学生的英语核心素养。

在词汇学习中，人工智能也是非常有效的帮手。例如，ChatGPT 是一个综合资源库，学生可以在教师的指导下通过与 ChatGPT 互动来获得更优的学习效果。ChatGPT 提供词汇的解释功能，如定义、同义词、反义词、例句，还可以通过模拟真实对话来使用新学词汇，甚至可以依据教师指令设置剧本进行角色扮演，让学生及时学会如何利用所学的词汇开展日常交流。运用 ChatGPT 这个强大的辅助工具，文本、图像、声音等信息多要素统被整合成一个智能化系统，传统的英语课堂变得多元多维，师生互动、学生互动、人机互动交叉展开，增加了课堂的生动性和趣味性，充分地体现了现代信息技术整合语言教学的价值。

（二）人工智能给英语教学带来的挑战

人工智能技术在为语言学习带来一系列变化的同时，也给大学英语教学带来了挑战。

1. 人工智能对学生的负面影响

（1）不利于学生创新性的培养

在新形势下的语言学习过程中，语言学习的本质与核心并没有发生改变。事实上，语言的习得不仅仅是学会使用语言，即把语言停留在作为工具来运用的层面，还应该培养和逐步形成运用语言进行思维的表达，即思考的过程。语言能力、思维能力和表达能力三者缺一不可。因此，学习某一种语言，归根结底是用这种语言来进行思维，培养学生的思维能力和自我表达能力，而不仅仅是展示语言的流利度和使用该语言的正确性。在借助于人工智能技术完成语言学习任务时，许多学生只是接纳或者运用了智能技术形成的结果，这不仅仅涉及到了版权问题，也妨碍了学生创新性的培养。比如，在完成学习任务时，学生经常被动地完成任务，缺乏深入思考。在获取大量学习资源后，没有进行知识的重组和内化，未完成新知识进入原有知识体系的过程，这种学习只停留在表层。另外，学生借助信息技术的学习大部分局限于将这些智能化系统与应用当作完成学习任务的平台，而缺乏利用平台完善学习过程的能力。

（2）数据过量引发的信息焦虑

如今，大数据带来的海量信息无处不在，让学习者陷入过量信息之中，失去了加工和处理信息的能力。人工智能使这些信息成倍复制，总量不断增长，出现了信息焦虑情况。教师需要引导学生高效获取真正有价值的信息，挖掘思想的深度，拒绝浅层思维和不作甄别，有效培养创新思维。在开展教学活动时，教师应基于学习过程和学生的真实水平，创设自然的、开放的、促进深度思考、主动思考的学习环境，为学生提供情感体验，使学生从"要我学"转变为"我要学"，从而激发学习者的学习潜能，促进其自主学习能力和语言综合能力的提升。（见表8-1所示）

表8-1 人工智能对学生的负面影响

影响领域	负面影响	具体表现	可能后果
学习习惯	信息过载： 学生通过互联网获取的海量信息使学生在选择材料时面临筛选、判断和处理信息的困难	学生面对庞大信息量无从下手，无法有效提取有用信息	信息加工效率降低，知识吸收不均衡，不能获取重要知识
注意力集中	注意力分散： 受各种在线内容和社交媒体的影响，无法集中注意力	在课堂学习中，过度关注电子设备无法专注于学习	理解力下降，浅层学习，思维能力减弱
基本技能	技能退化： 过度依赖人工智能技术，导致学习基本技能的退化	过度计算器或AI工具，影响基本知识的吸收和应用，影响逻辑思维	影响逻辑思维和批判性思维能力的形成，进而影响学生的综合素质
社交技能	社交能力下降： 缺乏必要的和足够的面对面交流，社交技能下降	学生依赖于社交媒体交流，面对面沟通减少，在人际交往中出现惰性和恐惧心理	社会适应能力减弱，沟通能力下降，影响人际关系和自我价值感
心理健康	孤独感和焦虑： 缺乏面对面社交，造成自我封闭，社交孤立感增加，进而造成心理焦虑	生活在虚拟空间，缺乏与社会的接触，缺乏真实的社交支持和互动	出现抑郁和焦虑等精神健康问题，影响日常生活和学习
数据隐私	数据泄露风险，侵犯学生隐私	1. 数据收集广泛：平台记录学生大量个人信息和学习产生的数据，有可能涉及敏感内容 2. 透明性不足：对数据的使用范围不清楚，有可能在学生或家长不知情的情况下使用数据 3. 算法偏见：如果AI系统基于不完整或有偏见的数据进行评估，可能导致对某些学生群体做出的不公正、不全面评估，影响评估结果的公正性和客观性 4. 安全风险：对数据保护措施不足或保护级别过低，可能导致数据泄露 5. 过度监控：AI工具对学生具有不当监控的风险，侵犯学生隐私权	1. 隐私泄露：学生信息泄露后可能被恶意使用，造成身份盗窃、广告骚扰和网络欺凌等恶性结果 2. 机会受限：基于不完整信息的评估可能影响评估结果，为下一步决策做出错误指导 3. 心理健康问题：为获取数据对学生监控，增加学生的压力感，影响学生的心理健康 4. 信任危机：学生排斥被监控学习，对教育机构和技术的信任度减少，导致教育效果不佳 5. 法律责任：保护数据措施不足导致数据泄露，可能面临法律问题

2. 人工智能对教师的负面影响

人工智能技术的迅猛发展正在深刻改变教育领域，不仅仅学生的学习发生了巨大变化，教学和管理方面也受到影响。教师运用 AI 这种便利和新型的教学工具辅助教学，大大提高了教学效率，但同时也带来了负面影响。在职业角色的转变、教学质量的下降、教师心理健康问题、数据隐私风险、对教育公平的影响等方面，人工智能都是不可忽略的因素。（见表8-2所示）

表8-2 人工智能对教师的负面影响

影响领域	负面影响	具体表现	可能后果
教师角色的边缘化	运用 AI 系统，学生能够获得个性化学习体验，自动化评估和反馈，可能导致教师在课堂中的作用被弱化和边缘化，教师不再是传统教学中的主导角色	AI 作为教学工具更加方便快捷，学生逐步依赖人工智能技术来获取知识，教师在教学中的作用被简化为监督者	学生对教师的专业价值评估降低，教师的作用被低估，教师职业满足感降低，对教学投入减少，进一步影响教师的职业发展
教学内容的标准化	依靠 AI 技术导致教学内容的标准化，教师经常采纳 AI 提供的教学方案，失去设计课程的机主动性和创造性	程式化教学内容忽略学生群体的个性差异，导致课堂枯燥，课程内容机械化，缺乏创新	学生对学习失去兴趣，教育失去个性化特征和教师教学缺乏创造力，长期角度影响教学质量
教学质量的下降	依赖技术导致技能退化：教师因过度依赖 AI 工具，可能导致教师不再致力于提升教学基本技能，影响自身的教学能力的更新和和教学策略的完善	过度依赖技术进行教学，可能导致教师在课堂上与学生的互动减少，课堂管理能力下降，课堂氛围不够活跃	由于师生互动减少，学生的学习体验和教师提供的情感价值可能受到影响，导致影响教学效果，教学质量下降
教师心理健康问题	工作压力的增加：教师为了熟练运用 AI 技术辅助教学，适应快速变化的教育环境，主动或被动学习人工智能技术，增加了教师的工作负担，给教师带来新的压力	面对人工智能新技术的不断更新，教师会产生焦虑感 因教师精力的投入不均衡导致影响教学技能	教师的心理健康受到影响，出现职业倦怠现象 长期压力可能导致身体健康问题，影响教学效果
	社交孤立感：使用 AI 技术使教师工作中方式和互动模式发生变化，可能导致教师在工作中的社交孤立	教师在使用 AI 工具时，减少了与同行和学生的面对面交流，教师与团队的联系减弱，缺乏沟通和支持	教师职业满意度降低，因社交支持系统减弱产生孤独感而影响心理健康

影响领域	负面影响	具体表现	可能后果
数据隐私风险	学生数据的滥用： 开展教育活动时，AI 技术会记录和收集学生数据，可能侵犯学生数据隐私。机构和教师在使用数据进行研究时，会引起学生隐私泄露问题	教师和教育机构未能妥善管理和保护学生的个人数据，导致信息泄露引起数据安全问题 研究者分享学生的敏感信息会增加隐私风险	学生的个人信息存在被不当使用的风险，可能引起身份盗窃或其他安全问题 学生和家长对教育机构降低信任度，对使用人工智能技术产生抗拒心理
	教师的数据责任增加： AI 技术逐渐普及，要求教师加强数据管理，但教师在数据安全方面缺乏意识和相应培训	教师未能接受相关培训去了解数据隐私法律和政策 教师在使用 AI 技术和数据时存在道德压力，无法平衡教育效果与学生隐私	教师在数据管理和数据使用时未能进行专业处理和法律保护，侵犯学生的隐私和安全，导致学生和家长质疑教师的专业性，教师职业信誉下降
对教育公平的影响	加剧学校之间的技术鸿沟： AI 技术的引入因经济条件差异而产生教育资源分配不均，进一步造成学校之间的资源差距	有条件的学校使用先进的 AI 技术促进教学效果，而经济支持薄弱的学校因无法购买先进技术导致学生在获取教育机会和资源上不均衡	学生受教育机会受到限制，对学生未来发展产生长远影响，教育不平等现象导致社会阶层的固化
	AI 偏见的传播： AI 系统基于收集的信息数据进行决策。如果收集的数据不全面，可能导致不公平的计算结果和不客观的结论	AI 基于所收集的数据对学生评估，会偏好于某些群体而忽略其他群体，导致部分学生在 AI 辅助的学习环境中受到不公平对待	人工智能技术使用的不均衡可能导致教育公平性受到影响，进一步影响学生的学习动机和自信心，从而影响学生的长期发展

综上所述，在外语教育中应用人工智能，给教育教学和学生学习都提供了许多便利，提升了教学效率，也给教师带来了一定的负面影响。如果不能科学地使用人工智能技术，教师的作用被弱化，职业角色可能被边缘化，从而引发教师职业满足感降低，自我价值感和社会认可度受到影响，还会导致一些心理健康问题、数据隐私风险和教育公平的问题。当今世界科技飞速发展，AI 技术在包括教育领域在内迅速推广和应用，必须充分考虑这些潜在的负面影响，采取积极措施合理运用智能技术，推进教学质量的进一步提高。

三、正确使用人工智能技术，推动外语教育的综合发展

在外语教学中，人工智能技术的应用越来越广泛。人工智能技术赋能外语学习和外语教学，提供了丰富的学习资源和个性化的学习体验，从而促进了学习效率的提高。为了更加有效地应用技术促进学习效果，需要教师、学生和教学管理机构制定合理策略，将 AI 技术有机地融入外语教学。

1. 运用人工智能技术，了解学生的能力和需求，设定学习目标，实施因材施教

教师可以通过在线测试、口语评估和写作分析等方式，了解学生的语言基础，评估学生的语言能力，并根据学生的语言水平设计教学。根据学生的实际水平制订相应的学习计划，实施精准教学。

2. 根据教学场景、教学目标，选择合适的 AI 工具

目前，在人工智能技术大力发展的爆发期，出现了各种功能的智能技术，每一种技术都有其优势和局限性。在不同的教学活动中，可以采纳不同的人工智能技术，真正做到技术为教学服务。如，Duolingo、Busuu 等智能学习平台利用 AI 算法计算学生的学习进度，记录学生的即时反馈，调整推送学习内容的难度和类型，从而提供个性化学习路径，引导和辅助学生逐步进步。运用 Google Speech、Microsoft Azure 等软件的语音识别技术，可以评估发音、纠正发音、推送口语练习等方面辅助学习，提高学生口语能力。运用基于 AI 的对话生成工具 Replika、ChatGPT 等聊天机器人，可以模拟真实的对话环境开展对话练习，帮助学生提高口语表达能力和应变能力。教师需要根据不同的教学需求选择合适的人工智能技术，以合适的比例运用到教学中去。

3. AI 技术与传统教学有机结合，线上线下混合模式服务学生

人工智能技术和传统教学不是对立关系，要让人工智能技术与传统教学相互补充，发挥各自优势，才能更好地服务于外语教学。可以运用人工智能技术，安排学生在课下运用碎片化时间完成基础内容的学习，课堂教学中开展讨论、互动等形式的活动来进行深入学习。利用 AI 工具，学生完成课后练习和自学内容，还可以进行随时反馈，教师根据学生学习情况调整教学速度、难度和方法，并根据学生的课后学习数据进行动态评价，与终结性评价相结合，形成更加合理的学生评价体系。可见，人工智能技术在课前、课中、课后教学阶段都可以作为助手来辅助教学，极大提高了教学效率和学习的便捷性。

4. 量身定制学习内容，提供个性化学习体验

运用 AI 技术，教师可以分析学生的学习习惯，了解学生的学习进度和努力程度，纠正学生出现的错误，还可以进行随时指导和引导。根据学生学习任务的进展和对学习任务难易程度的反馈，调整学生需要学习的内容和难度。同时，教师通过与学生分享学习进度来提高竞争意识，激励学生学习积极性，增强学生的上进心。

5. 辅助学生学习，培养学生自主学习能力

教师可以引导学生正确运用 AI 技术来发现自己的兴趣点，分析自己的学习规律，逐步探索出适合自身节奏的高效学习方式，培养自主学习的能力。智能技术可以用来辅助学生完成初级阶段的学习任务，也能通过设置探究式学习任务和合作学习，调动学生的学习积极性，通过与同伴互动来开展合作学习，培养团队意识。人工智能技术可以形成学生的学习伴侣，通过模拟对话复制真实场景，为学生提供实践机会。

6. 保护数据隐私，关注数据安全

在选择人工智能技术时，教师和教育机构要充分了解其功能，与技术开发商签订协议，保护学生隐私，保证数据使用合法合规。培训学生在使用人工智能技术时具有安全意识，重视密码保护，保证数据隐私和安全。

7. 注意意识形态审核，保障人工智能技术所提供资料的政治正确性

选择人工智能产品时，与产品供应商签订相关协议，保证材料不存在意识形态问题。教师在运用人工智能所提供的材料时，要具有政治敏感性，对教学资料进行甄别、筛选，以保证对学生进行正确的教育和引导。

8. 正确使用人工智能技术，促进教师专业发展

为了更加高效地运用人工智能技术服务于教学，教师要加强学习与 AI 技术相关的知识，通过自主学习和参加培训和研讨会的方式，了解最新的技术动态和成功案例，学习 AI 技术应用方法。教师之间可以组建学习社区，交流 AI 技术的使用经验，共同解决使用过程中碰到的问题，促进教学效果的提升。

四、运用人工智能技术，促进少数民族大学生外语教育提升

随着人工智能技术被广泛运用于外语教学，少数民族大学生群体如何运用该技术来开展外语学习成为一个新的研究课题。根据本书所作研究，少数民族大学生在英语学习中面临着诸如语言基础薄弱、学习资源不足和学习动机不足等问题，人工智能技术为这一群体的英语学习提供了新思路。在少数民族大学生的英语教学中使用人工智能技术时，要充分考虑他们所特有的学习特点和文化背景，才能借助 AI 技术，有效支持少数民族大学生的英语学习。

1. 开发与生成少数民族本土化资料

根据少数民族大学生的英语学习需求，运用 AI 技术开发和生成本土化学习资料，提供专为少数民族大学生设计的学习资源。这些资源可以与他们的自身文化相关，能够调动少数民族学生的学习积极性。例如，可以利用 GPT 等语言模型生成与少数民族大学生文化相关的英语故事、文章和对话。利用双语学习应用程序，提供少数民族语言与英语的对照学习。

2. 开发个性化平台提供定制方案

利用人工智能技术，开发符合少数民族大学生学习方式的个性化学习平台，为少数民族大学生提供量身定制的英语学习方案。这些平台可以根据学生的学习习惯、语言水平和学习兴趣，推荐适合的学习材料和相关课程，帮助他们更加有效地开展语言学习。

3. 运用人工智能技术，提高少数民族大学生文化沟通能力

在运用智能技术开展教学时，教师要关注跨文化内容，增加其他文化的介绍，从而增进相互了解，促进文化交流。通过使用虚拟现实（VR）或增强现实（AR）技术，模拟与其他文化群体的场景交流，为学生提供沉浸式的虚拟文化体验，促进少数民族大学生的跨文化沟通能力。通过 AI 技术建立社群学习与合作，开展与其他民族的学生的合作学习，在提高语言能力的同时增强对不同文化的理解。

4. 加强学生的技术培训，提高少数民族大学生技术接受度

随着人工智能技术在教育中的应用日益普遍，一些少数民族大学生由于缺乏相关的技术背景或经验，对新技术的接受度和适应能力上还需要进一步提高。高校在引入新平台或使用工具开展教学时，应加强对学生的技术培训，提供详细的使用指导和技术支持，帮助学生掌握基本的技术技能，有效利用这些新工具，提高他们对人工智能技术的接受度。

5. 加强教师培训，掌握先进的技术手段开展教学

随着科学技术的不断发展，未来的英语学习将呈现更加多元化和个性化的趋势。为了帮助少数民族大学生更好地适应科技的不断发展和全球化的总体趋势，教师应秉持与时俱进的思想，保持开放的态度，以积极的心态接受新技术的挑战，以适应新时代的教育需求。面对新技术的不断涌现，教师要拿出精力探索和尝试新的教学方式，熟练掌握教学中应用到的新技术，帮助学生解决在语言学习的过程中遇到的问题，让每位学生都能获得成就感和自信心，真正体现以学生为中心的外语教学理念，辅助学生实现语言能力的全面提升。

6. 从政策方面为少数民族大学生外语教育提供支持

国家和地区在制定和实施教育政策时，应该考虑到少数民族大学生这一群体，积极支持少数民族大学生的英语教育，鼓励高校与科技公司之间开展合作研究，研发适合少数民族学生使用的 AI 教育产品。同时，增加对少数民族地区教育资源的投入，缩小与发达地区之间的教育差距。

7. 鼓励开展跨学科合作研究，提高外语教育质量

在未来的科学研究中，跨学科合作将成为一个重要特征。教育学、计算机科学和语言学、民族学等领域的专家，共同探索 AI 技术在少数民族大学生英语教育中的最佳实践和创新方案，这种合作将有助于推动教育模式的变革。人工智能技术在外语教学中的应用提供了丰富的可能性，但要想充分发挥其潜力，教师和教育机构需要制定系统的策略，通过明确教学目标、选择合适的 AI 工具、结合传统教学、提供个性化学习体验、关注数据隐私、推动教师专业发展，以及结合文化教育，才能有效提升外语教学的质量与效果。

　　在人工智能技术迅速发展的大背景下，少数民族大学生的英语学习有了新机遇、新思路和新方法。通过开发和生成本土化学习资料，提供专门为少数民族大学生设计的学习资源，开发符合少数民族大学生学习方式的个性化学习平台，促进少数民族大学生文化沟通能力，加强学生的技术培训，提高少数民族大学生技术接受度，加强教师培训，从政策方面为少数民族大学生外语教育提供支持，鼓励开展跨学科合作研究，AI 技术能够有效提升少数民族大学生的英语学习效果。然而，人工智能技术应用于外语教学，需要解决信息过载、教学内容标准化、教师教学技能退化和数据隐私安全等问题。教育管理部门、技术开发部门、教师和学生要共同努力，积极应对这些挑战，才能充分发挥 AI 技术的优势，真正促进少数民族大学生英语教育的突破与发展，有效运用科技手段来助力他们的未来发展，为国家的进步贡献重要力量。

第九章　结论

在以人为本、以学生为中心的理念指导下，对不同的学习群体因材施教、提供精准教学和精准指导，是当今时代下教学研究的一个重点。本书从文化语言学、文化心理学、心理学认同理论和少数民族地区语言教育价值取向出发，研究少数民族大学生的英语教学和英语学习，对分类指导语言学习提供了具有实践意义和可操作性的指导。

本着实证研究的原则，本书首先梳理了少数民族地区语言教育的发展历程。

由于少数民族分布方式的复杂性，所使用的语言文字的多样性以及少数民族社会发展的不平衡性，使民族自治地区的少数民族大学生的外语学习具有一定的特殊性。少数民族地区语言教育从萌芽到发展，取得了一定的成效。少数民族语言教育的常见模式分成了普通型、初等型和特殊型，呈现出多元化的特征。全国各个少数民族语言教育表现出了明显的区域性特点，北方少数民族语言教育基本已形成了完善的语言教育体系，而南方的部分少数民族其文字还未健全，语言教育基础比较薄弱。这些特征构成了我国少数民族语言教学的特色，同时也给少数民族大学生的英语教育带来了新的挑战。

少数民族的语言教育原则是既要抓好关于民族语言和文化的教育，也要更好地继承和发展文化。针对少数民族语言教育的具体特点，本研究以蒙古族大学生英语教育作为案例，梳理了少数民族大学生在外语学习中的主要问题，如学习观念相对滞后、语言学习前略应用不当，未能正确处理语言的负迁移影响以及多种因素导致的学习心理不佳。在语言教育这一跨文化、跨语言、跨民族的系统化复杂工程中，如何使少数民族学生跟上时代的发展，循序渐进地接受汉语文化、英语文化的教育。在设计和实施少数民族大学生外语教育时，要处理好各类语言的关系，既要彰显出英语语言的文化特色，也不能忽视本民族的文化和汉语文化，兼顾学生的心理特征和对于英语语言和文化的接受能力，采用科学的教学方法，使学生对于英语文化、汉族文化以及本民族文化产生获得感，才能使学生更好地接受英语教育，获得全面发展。

要改善教学质量，推动少数民族大学生英语教学改革，需要促进教师专业化发展，助力少数民族大学生英语教育。教师要不断加强自身业务提升，拥有多元的知识结构和过硬的教学能力，拥有一定的利用现代化信息技术手段进行教学的能力。教师要经常开展教学反思，总结经验，促进和完善教学能力。为了研究解决教学问题，教师需要建立教师共同体，针对具体研究课题集思广益，有效解决教学中遇到的实际问题。同时，健全和拓宽教师的发展渠道，结合"双师"素质要求和标准对新教师的准入制度开展革新，促进教师准入资格规范化，重视教师的工作经历，凸显教师的实践能力。通过优化现有的培训体系，健全激励制度，深化科研体制的改革，引导教师提升其科研能力。针对少数民族大学生这一群体开展英语教育，要结合英语教师的专业发展一起进行，才能从施教的角度为学生提供良好的师资。

良好的师资是开展精准教学的第一步。开展具体教学活动、提升少数民族大学生群体的英语学习能力，提高学习成效，还要从创新大学英语教学模式，充分开发学生多元智能，激活学习内生动力和改善教育环境入手。

第一，创新大学英语教学模式。首先，要开展跨文化交际教学，大力培养学生的跨文化交流能力，使学生在掌握外语的基础上，促进自我的现代社会综合竞争实力。要将思政教育融入到大学英语课堂中，充分发挥大学英语课程的育人功能，通过启发、诱导、交流、沟通的方式来挖掘课程思政元素，找到思政内容和大学英语之间的契合点，实现课内、课外跨文化交际的深度结合。教师在英语课堂上还需创新方法，除了为学生直接讲述之外，还可以通过文化实践、文化讨论、文化对比、文化拓展等方式来传输中华优秀传统文化。

第二，利用现代化的科学技术，组织混合式教学。借助于智能技术的发展和丰富的数字化资源，实行个性化的学习，让每个层次的学生都能够找到适合自己的学习方法，提高了学生的参与感，保证了学习效率。教师通过为学生提供不同的导学案、微课视频等，学生通过在教学平台上学习，丰富了教学内容，更新了学习模式。在课堂授课阶段，教师可以反馈学生的预习情况、解答问题，展开高阶的交流和互动。混合式学习兼顾线上教学和传统教学的优势，教师根据少数民族大学生英语学习中的弱点及时跟进和讲解，全方位考查学生对于语用技能、语言知识、交际技巧的掌握。

第三，运用任务型教学法，在特定语言情境中设置具体任务，让学生使用语言进行交际，在任务中习得语言。针对少数民族大学生的学情，通过任务型教学法，锻炼学生的英语综合应用能力，同时增强学生的自主学习能力，提高其文化素养，实现做中学、学中做。

第四，利用合作式教学法，让学生之间、师生之间产生良性互动，激发学生的言语交流和互动积极性。合作式学习能够提高学生的英语综合应用能力，使之在后续工作、学习中能够灵活进行英语交际，同时增强学生的自主学习能力，提高其文化素养。

第五，激活学生学习外语的内生动力。要理性分析学生的情况，尊重学生的个性，充分开发学生多元智能。教师要尊重少数民族大学生的具体情况，因材施教设计符合学生特征的教学模式，运用恰当的教学方法，才能激活学生兴趣点，有效培育学生的自主学习动机。要利用教材，借助课堂活动激活学生的学习兴趣。发挥信息化手段作用，以评价来提高学生兴趣。针对少数民族大学生，还需要根据其特点和具体情况来调节英语成就动机强度，让学生能够实现循序渐进的发展。同时，在设计教学和实施教学时，发挥就业导向作用，使学生在打好语言基础的同时，锻炼其语言应用能力，锻炼学生的人际协调能力、英语学习能力、表达能力等，从而提升学生就业竞争力，让学生能够真正地学以致用，获得更高的就业竞争力。

第六，教学资源建设和改善教育环境是改革外语教学的重要辅助手段。在网络背景下，通过不断积累，分类储备等方式，建立英语课程教学资源库，构建英语智慧课堂环境。要建设好英语课程教学资源库，并充分利用英语课程教学资源库，来改善针对少数民族大学生的外语教师教学方法和学生学习模式。同时，在少数民族大学生英语教学中，充分利用教育大数据的信息整合及分析功能，准确定位学生的共性及个性需求，了解学生的未来发展诉求，提升学生学习效能的核心目标，为教学活动的改革提供有效依据。在现代科学技术的辅助作用下，创新教学理念，发挥 VR 等先进技术的教学作用，并适度引入学习心理学，以此构建英语智慧课堂环境。还要增强课堂教学环境的互动性，让学生真正参与到课堂教学中，切实激活学生的内在学习动机，真正让学生体会到互动式学习的趣味性和挑战性，逐渐形成主动学习英语的习惯。

以上教学探讨是根据目前所梳理的少数民族大学生英语学习的具体特点，结合现有的教学理论，综合现有的教学成功案例而形成的。本教学研究不仅仅是适用于少数民族大学生的英语教育，具有广泛的实用性和可操作性。本研究在一定的范围内进行了尝试和实验，取得了一定成效，形成了具有少数民族英语教育特点一套教材和教学方案。但由于实践中的条件受限，实验的推广和可重复性还需要进一步努力，以实现教学设计的最终目的，真正实现因材施教和精准教学，切实提高少数民族大学生和整个大学生群体的英语语言能力和实践能力。

参考文献

［1］陈荣，吕明臣.ChatGPT 环境下的大学英语写作教学［J］.当代外语研究,2024（2）：
　　161-167.

［2］陈巧薇.英语学习动机研究10年综述［J］.湖北经济学院学报：人文社会科学版，
　　2009，6（9）：182-184.

［3］邓晓华.语言、族群与演化：语言人类学的传统与超越［M］.北京：商务印书馆，
　　2019.

［4］丁丽红，韩强.当代大学英语教学的认知研究［M］.北京：中国书籍出版社，2018.

［5］杜洪波.“藏—汉—英”三语环境下藏族中学生英语学习的认知基础和学习机制研
　　究［D］.成都西华大学，2008.

［6］费孝通.美好社会与美美与共：费孝通对现时代的思考［M］.北京：生活·读书·新
　　知三联书店，2019.

［7］古丽米拉·阿不来提，李珂.少数民族大学生英语口语学习策略调查与分析［J］.
　　长春教育学院学报，2010，26（3）：89-91.

［8］郭德俊.动机与情绪［M］.北京：首都师范大学出版社，2017.

［9］何爱晶.少数民族预科生学习策略调查报告［J］.湖北民族学院学报：哲学社会学版，
　　2008（5）：139-144.

［10］黄海滨.少数民族大学生英语学习心理障碍与对策研究［J］.青海民族学院学报：
　　社会科学版，2006（3）：115-117.

［11］黄欢.少数民族预科生词汇学习策略研究［J］.江西师范大学，2008（4）：75-78.

［12］蒋楠.外语概念的形成和外语思维［J］.现代外语，2004（4）：378-385.

［13］黎华.少数民族大学生英语学习策略调查与分析［J］.民族教育研究，2005，（2）：
　　58-63.

［14］李林钰.“互联网＋教学”［J］.中国教育信息化，2012（8）：3-12.

［15］李炯英，刘鹏辉.我国外语学习动机研究：回顾与思考（2004–2013）［J］.外语界，2015（2）：34–43.

［16］李小融.心理学［M］.成都：四川大学出版社，2002.

［17］刘萍.新编心理学［M］.大连：大连理工大学出版社，2009.

［18］刘婷.少数民族高层次骨干计划英语学习情况研究——以陕西师范大学基础强化培训基地为例［J］.学理论，2012（14）：213–214.

［19］黄淑娉，龚佩华.文化人类学理论与方法［M］.广州：广东高等教育出版社，2013.

［20］林耀华.民族学通论［M］.北京：中央民族大学出版社，1997：8.

［21］马广惠.学习动机和努力程度对外语学习成绩的影响［J］.解放军外国语学院学报，2005（4）：37–41.

［22］蒙昌配.少数民族大学生英语学习现状分析与对策探讨——以贵州师范学院为例［J］.贵州师范学院学报，2012，28（11）：65–68.

［23］施光，辛斌.语言·思维·认知——再论沃尔夫假说［J］.四川外语学院学报，2007（1）：102–106.

［24］苏霍姆林斯基.给教师的建议［M］.武汉：长江出版社，2022.

［25］托马斯·吉洛维奇.社会心理学［M］.3版.北京：中国轻工业出版社，2016.

［26］王初明.外语是怎样学会的［M］.北京：外语教学与研究出版社，2010.

［27］王艳梅.多水平模型在大学英语考试成绩影响因素分析中的应用［D］.山东大学，2007.

［28］王银泉，万玉书.外语学习焦虑及其对外语学习的影响——国外相关研究概述［J］.外语教学与研究，2001（2）：95–104.

［29］威廉·冯·洪堡特.论人类语言结构的差异及其对人类精神发展的影响［M］.

［30］文华俊.新疆少数民族学生英语学习调查与研究［M］.北京：清华大学出版社，2014.

［31］文秋芳.英语学习者动机、观念、策略的变化规律与特点［J］.外语教学与研究，2001（2）：105–110.

［32］吴红云，包桂英.英语专业硕士研究生专业学习动机与自我认同关系的实证研究［J］.外语教学，2013，34（2）：52–55.

［33］吴文亮.SWOT分析理论下的民族地区非英语专业大学生英语学习策略［J］.教育与职业，2011（29）：106–108.

［34］许宏晨，高一虹.英语学习动机与自我认同变化——对五所高校跟踪研究的结构方程模型分析［J］.外语教学理论与实践，2011（3）：63–70.

［35］杨昌儒．民族政策学［M］．贵阳：贵州人民出版社，1998.

［36］姚小平．作为人文主义语言思想家的洪堡特［J］．外国语，2003（1）：36-42.

［37］余丽霞．高职非英语专业学生英语焦虑与英语学习策略的相关研究［D］．浙江师范大学，2008.

［38］张红．新疆少数民族学生英语学习存在的问题调查及对策［J］．广西民族大学学报：哲学社会科学版，2008（1）：132-135.

［39］张燚，任晔，安胜昔，等．新疆少数民族大学生英语学习态度动机调查［J］．北京教育学院学报，2004（1）：61-68.

［40］张煜．影响中国少数民族学生英语学习的特殊因素简析［J］．青春岁月，2013，（12）.

［41］赵静婉，夏文熠．新疆少数民族预科生英语语言及跨文化交际能力现状调查［J］．内蒙古师范大学学报：教育科学版，2018，31（1）：97-105.

［42］赵丽莉．少数民族大学生英语学习中认知策略的调查与应用［J］．读写算：教研版，2015（12）：103-105.

［43］赵丽丽．合作学习在少数民族大学生英语写作中的应用研究——以藏族学生为例［J］．社科纵横，2011，26（4）：177-178.

［44］郑金洲．多元文化教育［M］．天津：天津教育出版社，2004.

［45］周建民．少数民族高职大学生英语学习动机与策略调查与分析——以甘肃畜牧工程职业技术学院为例［J］．内蒙古师范大学学报：教育科学版，2012，25（5）：57-59.

［46］周燕，高一虹，臧青．大学高年级阶段英语学习动机的发展——对五所高校学生的跟踪调研［J］．外语教学与研究，2011，43（2）：251-260.

［47］朱叶秋．西部地区英语专业大学生学习动机、观念和策略的调查［J］．江苏外语教学研究，2004（2）.1-6.

［48］AARON S，JONATHAN B.To Flip or Not to Flip?［J］.Learning & Leading with Technology，2012（87）：38-44.

［49］BIN S，BARRY B，WEIHE X. The effects of peer assessment on learner autonomy：An empirical study in a Chinese college English writing class［J］.Studies in Educational Evaluation，2020，64（3）：13-15.

［50］ELAHEH R，ALIREZA A. A thematic corpus-based study of idioms in the Corpus of Contemporary American English［J］.Asian-Pacific Journal of Second and Foreign Language Education，2019（4）：24-26.

［51］JAMES J. Ashes. The Learning Strategy of the Total Physical Response：A Review［J］.The Modern Language Journal，1966，50（2）：79-84.

［52］JAMES J. Asher. The Total Physical Response Approach to Second Language Learning［J］. The Modern Language Journal, 1969, 53（1）: 3–17.

［53］JILL N R. Developing Faculty Development Programs: A View From the Chair［J］. Journal of Counseling & Development, 1994（5）: 95–102.

［54］JONATHAN B, AARON S. Flip Your Classroom International Society for Technology in Education［J］.Language Learning, 2012（2）: 4–6.

［55］LISBETH M B. Explicit reading strategy instruction or daily use of strategies? Studying the teaching of reading comprehension through naturalistic classroom observation in English L2［J］.Reading and Writing, 2019, 32（9）: 37–40.

［56］MEILIN C, JOHN F. Laurence Anthony.Introducing in–service English language teachers to data–driven learning for academic writing［J］.System, 2019,（87）: 11–17.

［57］MORTENSEN C J, NICHOLSON A M. The Flipped Classroom Stimulates Greater Learning and is a Modern 21st Century Approach to Teaching Today's Undergraduates［J］.Journal of Animal Science–United States. 2015（7）: 90–98.

［58］NATIONAL EDUCATION ASSOCIATION. Faculty Development in Higher Education: Enhancing a National Resource［M］. Washington, D.C., 1991.

［59］PATRICK B, THOMAS B, PETER B, et al. Understanding the diagnosis of pre–diabetes in patients aged over 85 in English primary care: a qualitative study［J］.System, 2019, 20（1）: 32–33.

［60］How Does Anxiety Affect Second Language Learning? A Reply to Sparks and Ganschow［J］. The Modern Language Journal, 1995, 79（1）.90–99.

［61］PFENNIG A. Inverting the Classroom in an Introductory Material Science Course［J］. Procedia–Social and Behavioral Sciences, 2016（228）: 32–38.

［62］SAVIGNON S J. Communicative Competence: An Experiment in Foreign–Language Teaching.Language and the Teacher［J］.A Series in Applied Linguistics, Volume 12.1972: 115.

［63］SHAIMA M H, CONAN L, JANE S. Rooney.Exploring English speaking Muslim women's first–time maternity experiences: a qualitative longitudinal interview study［J］.2019, 19（1）: 13–14.

［64］SEYYED–ABDOLHAMID M, SAMANEH M T. Autonomy, agency, and identity in teaching and learning English as a foreign language［J］. System, 2019（6）: 09–12.

［65］SNIEGUOLE V, AYAKO H, MARLEEN L, et al. Longitudinal analysis of loneliness and inflammation at older ages: English longitudinal study of ageing [J] . Psychoneuroendocrinology, 2019, 1 (10): 85–89.

[66] TAVAKOLI P, FOSTER P.Task Design and Second Language Performance: The Effect of Narrative Type on Learner Output [J] .Language Learning, 2008, 58 (2): 439–473.

[67] TERRY G. G. Toward Faculty Renewal: Advances in Faculty, Instructional, and Organizational Development.Jossey–Bass Series in Higher Education, 1975.

[68] TIANNAN Z, DAPENG Z, XIAOJUAN Y. A Study on the Teaching Reform of College Business English Extended Course Based on CBI [P] .Proceedings of the 2019 5th International Conference on Social Science and Higher Education (ICSSHE 2019), 2019.